最重度の障害児たちが語りはじめるとき

中村尚樹

草思社

最重度の障害児たちが語りはじめるとき◉目次

はじめに

「通訳」たちとの出会い

作家、松本清張の初期の作品に、「通訳」という短編小説がある。江戸幕府の九代将軍、徳川家重と、その側用人だった大岡忠光を描いた歴史小説だ。

この小説は、ある歴史的事実に基づいている。それは、吉宗の長男として将軍職を継いだ家重が、実は重度の脳性まひを患い、声は出ても言葉にはなっていなかったということだ。幕府のトップである将軍に重度の障害があったというのも驚きだが、さらに興味深い事実があった。

家重とは通常のコミュニケーションがとれないため、家臣は誰も、家重の意向を直接には理解できなかった。しかし唯一の例外がいた。それが大岡忠光である。忠光が家重の言葉にならない声を通訳し、それによって日常の諸事から大名に対する接見まで、とどこおりなく行われていたというのだ。

その名前からもわかるように、大岡越前守忠相《ただすけ》の縁戚に当たり、三百石の旗本の家に生まれた忠光は、家重と同年代で、幼くして家重の小姓となり、やがて将軍の通訳として、二万石の大名にとりたてられるまでに出世する。彼がいたからこそ、家重は曲がりなりにも将軍職を遂行できたのだった。

忠光が家重の言葉をどのように理解したかについて、松本清張は次のように書いている。


忠光は、自分だけが家重の言葉がわかるのを、ときどき不思議に思うことがあった。彼にしても、家重が、

「あ、う、う、あああ。」

などと言ったところで、その音声そのものでは、なんのことかさっぱりわかりはしない。彼も、はじめはずいぶんと戸惑ったものだ。それでも、たぶんこういう意味であろうかと、返事をしたり、処置をしたりすると、あまり間違っていなかった。家重の発声からは、なんの意味も引きだせないし、彼の混濁した眼の色からも、なんの手がかりも摑めない。要するに勘のようなもので聞きわけるほかはなかった。そういう勘の鋭さが己にはあるのかなと忠光は考えていた。


作品の執筆にあたり、忠光がなぜ、家重の通訳たりえたのか、小説家はあれこれと、頭を悩ませたことだろう。しかし、さすがの松本清張といえども明確な解釈は得られず、忠光自身に「不思議に思う」と言わせたうえで、結局、「勘の鋭さ」という、推理小説の巨匠らしからぬ、あいまいな表現になってしまっている。さすがに「勘」だけではまずいと思ったのか、次のようにも

説明している。

忠光が家重の言語を逐語的に解したということよりも、早くから家重の側近にいた彼は、家重の性質や癖をよく心得て、顔に浮かぶ微妙な表情を捉えてその言うところを推察したに違いなかった。

確かにそうした面はあったに違いない。逆に言えば、それくらいしか、説明の言葉が思い浮かばなかったのだろう。しかし「性質や癖」を知り、「微妙な表情」を読み取ることだけで、本当に「通訳」という、細やかな仕事が成り立つものだろうか。

私は、それは勘や注意深さだけではなかったと思っている。もっと別の秘訣があったに違いない。なぜそう思うかというと、私は本書の取材を通じて、たくさんの「通訳」の人たちに出会ったからだ。

例えば、私も参加していた席で、二人の男女による次のような会話があった。

「桂さん、緊張が強くて、マックスだとお母さんが教えてくれましたが、大丈夫ですか？」
「二十四時間筋トレでへとへとですよ」
「それはお疲れですね」

「本当に、これが洋服なら、さっさと脱ぎたい肉体だ！」

「それはむずかしいですが、きっと楽になる日が来ますから、しかたがないと思って筋トレを続けてください」

「微妙です」


「緊張が強く」や「二十四時間筋トレ」という言葉から、スポーツ選手の会話かと思った方もいるかもしれない。実は一人は遺伝子に欠損があり、もう一人は脳性まひで、二人とも、重度の身体障害と知的障害があわせてあると診断されている。「筋トレ」も好きでやっているのではない。身体が勝手に動いてしまうのだ。言葉についても、うまくしゃべることができない。

そこで、二人には「通訳」が付いている。いずれも、それぞれの母親である。彼女たちがどのように息子や娘の会話を通訳しているのか、ぜひ本文をご覧いただきたい。本書がおもに扱うのは、このように生まれつき、脳や身体に重度の障害があるとされている人たちである。

重度重複障害と呼ばれる彼らの多くは、会話ができたとしても非常に聞きづらかったり、意味ある発話がほぼ不可能だったりする。そんな彼らに対する世間の目はどうだろうか。コミュニケーションが困難な相手に対し、差別や偏見の目で見る人もいれば、かわいそうだと憐れんで情けをかける人もいるかもしれない。だが、いずれの場合も対等な人間とは見なされない。

しかし、重い障害があると診断された彼らもまた人間であり、差別を受けた心の傷を胸に抱きながら生きている。その意味で彼らは、より人間的に生きることを課せられた存在であるといっても過言ではない。そのことを、多くの人が知らないままでいる。

「やだ、かあさんきめさしてくれないからいやだ。にんげんとしていきたいよ。がっこうえらびたいよ。ちゅうがっこうはかないちゅうにしたい」

これは、重度の知的障害があるとされてきた少年が、「通訳」にあたる介助者の手助けを受けながらパソコンで綴った文章である。中学への進学にあたり、複数の学校見学を済ませたあと、自宅近くの学校に決めようとした母親に対し、自分の意思はそうではないということを、明確に表明したものだ。「自分で決める」、「人間として生きたい」という訴えを聞いた母親は突然のことに驚き、しかしすぐさま教育委員会に連絡をとり、子どもの希望をかなえることができたのである。

中途障害の人たちであれば、障害で言葉が出なくなる前は、自在にしゃべれていた。だから、突然、言葉が回復しても、回復したことには驚かされるかもしれないが、言葉の知識があることに不思議さはない。しかし、生まれついて言葉がない人たちについて、あるいは専門家による発達診断で、きわめて低い年齢の知的レベルしかないと診断された人が、介助者の手助けを受けながら、自分の意思をきちんと表すのに、私は驚かされたのである。

本書では、こうした障害のある人たちが言葉を紡ぎだせるよう、様々な方法でサポートする人たちを縦糸にしながら、コミュニケーション障害のある人びとの人生の軌跡と生の声を紹介する。

彼らの多くは、詩などの文章で自らを表現することにこだわっている。なぜなら身体が不自由な彼らにとって、言葉こそ自由に世界を飛び回る手段だからである。支援を受けながら言葉を得た若者たちが、のびのびと生きようとする群像を描きながら、障害がありつつ「人間らしく生きる」ことの意味を考えてみたいと思う。

冒頭で紹介した松本清張の小説で、大岡忠光はあるとき、自らの通訳の過ちに気付く。しかし家重はそれをとがめることがなかった。そのときの忠光の心情が、次のように記されている。

　忠光は、はじめて茫漠とした表情をしている家重の内部にある無類の善良さにたたかれたような気になった。

家重の将軍としての評価は、歴史的にはきびしいものがある。しかし、傍からは「暗愚」と見られようと、内面は違うのだということを、松本清張は鋭く見抜いている。考えてみれば当たり前のことなのだ。障害があろうとなかろうと、その人の人間性はまた、別の議論なのである。

最後に文中の用語について、ひとこと触れておきたい。これまで一般的だった「障害」「障害者」という表記について、二〇〇〇年頃から「障がい」「障がい者」という言い方を採用する自治体や団体が増えてきている。内閣府も「障害者施策推進本部」を廃止し、二〇〇九年（平成二十一年）

に「障がい者制度改革推進本部」を立ち上げている。

歴史的に見てみると、戦前は心身機能の損傷について差別的な表現が使われていたが、戦後になって、もともとは仏教用語で「さまたげになること」を意味する「障碍」という表現も用いられるようになった。しかし当用漢字が制定され、当用漢字表にない「碍」の字を使えなくなったため、同じ音を持つ「障害」となったという経緯がある。一九四九年には身体障害者福祉法が制定され、法律のお墨付きを得て、「障害」の表記が一般的に使われるようになったのである。

しかし、「障碍」の意味する「妨げる」と、「障害」に使われる「害」では意味が異なる。このため、「当事者の存在を害であるとする社会の価値観を助長してきた」などとして、一部の当事者団体などから「障害」という表記に違和感や抵抗感を覚えるという声があがり、「障碍」、あるいはひらがなを使って「障がい」にする動きが出てきたわけだ。

これについて私の周辺で直接聞いてみると、当事者の方も、あるいは専門家の方も、個人的な意見だとしたうえで、特定の表記にこだわる方はいなかった。「障がい者」の人権問題に社会の関心が高まっている反映というのならそれはよいことだが、言葉だけ替えてそれでよしとする風潮であるなら、意味がないという反応が最も多く、そうした立場の人たちは、従来通りに「障害」という文字を用いている。

内閣府の「障がい者制度改革推進本部」では「障害」の表記に関する作業チームを作成し、「障害」「障碍」「障がい」「チャレンジド」を候補にして検討した結果、二〇一〇年（平成二十二年）

にまとまった報告書では、「様々な主体がそれぞれの考えに基づき、『障害』について様々な表記をしており、法令等における『障害』の表記について、現時点において新たに特定のものに決定することは困難である」と結論付けている。

以上の議論を踏まえ、本書では固有名詞、あるいは引用などを除き、従来の「障害」という表記を踏襲することにした。

関連してのことだが、私は「障害者」、「障害児」、「障害を持つ人」という言い方を、固有名詞や引用以外には使わず、本文では「障害の（が）ある人」、「障害の（が）ある子ども」と表記している。本書のタイトルでは「障害児」を用いているが、これは端的に内容を表現したいという出版社の要望を容れたものである。

例えば病気を例に考えてみると、私は痛風を患っているが、持病は私の側面のひとつに過ぎず、いつも「患者」であるわけではない。仕事の面ではジャーナリストであり、趣味の面ではウクレレ・サークルのメンバーと、社会のなかで様々な顔がある。

ところが、こと障害となると、十把ひとからげに「障害者」というレッテルが貼られてしまう。個々の人間を見るのではなく、「まず障害ありき」で差別されるのだ。それがなぜかと言えば、「障害者」は、経済優先の思考のなかで、足手まといとしか見られていないからだろう。それが、私たちの社会の現状である。しかし現実の彼らは、私と同様、それぞれ違った名前や多様な個性を持っている存在なのである。

かつてヘレン・ケラーは、「障害は不便ではあるが、不幸ではない。その不便さを感じずに暮らせる社会が大切なのだ」と述べたと言われる。その意味するところは、障害に伴うもろもろの困難をきたす原因は、個人の機能障害そのものにあるのではなく、それを理由に参加を制約しようとする社会にあるということだ。つまり障害とは個人の問題ではなく、社会の問題なのである。ところが「障害を持つ」と言うと、「持っている」主体が強調され、社会性が抜け落ちて個人の問題とされかねない。しかし当人は、何も好き好んで障害を「持っている」わけではないのだ。

このため、多少回りくどい表現になってしまうが、「障害者」という手垢の付いたレッテルをいったん引き剝がし、「障害」を相対化しながら「人間」の復権をはかるという問題意識を込めて、「障害のある人」と記述しているとご理解いただきたい。

なお、特に断りのない限り、本文中に登場していただく方の年齢表記や肩書きは、取材時のものとさせていただいた。

第一部

紡ぎだされる言葉

第一章　封印されていた「わたし」

先天的障害と後天的障害

「もしかして、ご関心があるかもしれない集まりがあります」

旧知の編集者から、取材のきっかけとなるメールが届いたのは、二〇一一年（平成二十三年）も押し詰まった師走のことだった。彼女は臓器移植問題に関する書籍の編集を担当するなど、医療や福祉関係に詳しい方である。その彼女がやや興奮した様子の伝わる文面で教えてくれたのが、「きんこんの会」という名前のグループだった。柴田《しばた》保之《やすゆき》さんという、國學院大學の先生が主宰している会で、「とっても不思議なこと」が起きているというのである。

「きんこんの会」は、二か月に一回程度のペースで開かれているらしい。なにやらとぼけた味わいのある名前だが、会の参加者は、重度の障害のある人たちばかりだという。そんな彼らが、「柴田先生の一見、奇跡とも思える方法で、自分の思いを伝えあい、交流する会」なのだというのである。

「障害のためうまく言葉を発することができず、知的にも障害があるとみなされ、長く沈黙を強いられてきた方々が、話せるようになったわけではないが、柴田先生の方法によって言葉をとりもどし、自由闊達に語り合う様子に衝撃を受けました」

そんなことを言われても、ホントかな？　という感じもしたが、しかし医療や福祉の現場を知るベテラン編集者の言葉だけに、ウソはないはずだ。とにかく現場を見てみないことには、はじまらない。

彼女がなぜ、私に連絡してくれたのかというと、私はかねてから医療や福祉問題に関心を持ち、なかでも病気や障害のためコミュニケーションが困難な人たちについて取材を重ねていたからだ。

たとえば、いわゆる植物状態と呼ばれる遷延性意識障害は、一口で言えば、呼吸など生命を維持する機能は保持されているものの、全身がほとんど動かず、意識がないと診断された状態である。ところが取材を続けるうち、遷延性意識障害とされる人たちに、実は意識のある人びとがいることがわかってきた。しかし彼らは自らの意思を口頭や身振りなどで伝えることができないため、本当はわかっているにもかかわらず、意識がないと診断されてしまうのである。このように現代の最先端の医学においても、なお人間には未知の部分が多いと、私は経験的に感じている。

話を戻すと、件《くだん》の「きんこんの会」の参加者は、私がこれまで取材してきた人たちとは事情が違うらしい。それは、先天的な障害か、後天的な障害かという問題である。私が取材してきた遷延性意識障害などの患者は、いずれも言葉や社会的知識を学んだあと、病気や事故のために言葉を失った、後天的な中途障害である。

一方、きんこんの会に集うメンバーの様子を聞いてみると、遺伝性の病気、あるいは誕生前後に発症した脳性まひ、さらには脳の発達障害のひとつである自閉症など、先天的に脳に障害を負ったというケースがほとんどであり、しかも障害はひとつだけではなく、知的障害と身体障害など、ふたつ以上の障害をあわせ持つ、「重複障害」と呼ばれる人が多いという。

後天的な障害の人であれば、病気や事故にあう前は普通にしゃべったり、書いたりできていたわけだから、表面的には言語がないとしても、内面に言葉を隠し持っていても不思議はない。しかし、先天的な障害となるとどうだろうか。

当たり前のことだが、私たちは赤ちゃんとして生まれてすぐに、言葉を話しはしない。泣きながら生まれてきた赤ちゃんだったのが、生後一、二か月ほどして「あっあっ」、「あう〜」というような声が出てくるようになる。やがて「ばぶばぶ」など多音節の声となる。喃語《なんご》と呼ばれる赤ちゃん言葉だ。「おなかがすいた」とか、「おしりのあたりがきもちわるい」といった感情を、泣き声や喃語で伝えようとする。やがて一歳前後で、はっきりと意味がわかる言葉、例えば「ママ」、「パパ」、「まんま」などを発するようになる。そうしたトレーニングを経験できていない人たちにとって、言語に関するハンディキャップは、想像以上のものがあるにちがいない。そんなことを思いつつ、取材を始めたのである。

私はまず、國學院大學に柴田さんを訪ね、その後、彼とかかわりのある人たちを個別に訪ねていった。柴田さんは大学で、教職を目指す学生たちに対する講義を受け持っている。そこでは、障害がある人たちの真実の姿を知ってもらうため、きんこんの会のメンバーに登壇してもらい、彼らの発言を聞いたうえで、社会の問題点や課題を考えさせるという授業も行っていた。重い障害がある人たちのことについてほとんど何も知らない学生たちを相手にした講義は、とてもインパクトのあるものであった。そこでまず、この講義の様子から紹介することにしたい。

隠されていた言葉

東京の渋谷駅で東急田園都市線の急行に乗ると、二十分足らずで横浜市青葉区の「たまプラーザ駅」に到着する。近代的なデザインの駅舎と賑やかなショッピングモールをあとにして、十分ほど歩くと、閑静な住宅街のなかに、國學院大學たまプラーザキャンパスが現れる。ここでは二〇〇九年に発足した人間開発学部の学生が、教員やスポーツ指導者の養成課程などに取り組んでいる。

新学期がスタートした二〇一二年四月、二百人以上の学生が聴講する「特別支援教育論」に、外部からゲストが招かれた。「特別支援教育」とは、以前は特殊教育と呼ばれていた、障害のある子どもたちに対する教育のことである。担当教授の柴田保之さんは、講義を進めるにあたって、学生たちにまず、現場の生の声を聞いてもらうことにしている。この場合の「現場の声」とは、教職員の声ではない。当事者である、障害のある人たちのことだ。

この日は、重度の障害がある二人の男性が、家族やヘルパーに付き添われて登壇した。いずれもリクライニング式の車いすに乗っていることからもわかるように、彼らは自分一人では歩けず、身体の自由もほとんどきかない。しかもそれだけではない。言葉もしゃべることができず、知的障害も重度とされてきた。このように、重度の障害があわせてあることを、「重度重複障害」と呼ぶ。これは一九七五年（昭和五十年）に文部省の調査研究会が「重度・重複障害児に対する学校教育の在り方」を報告したことに由来し、おもに教育関係で用いられる用語である。例えば目が不自由と耳が不自由のふたつの障害がある場合も該当するなど、知的障害、感覚障害、肢体不自由、医療的ケアを要する者など、多様な障害が複数ある人が該当し、言語障害や自閉症、情緒障害なども含めてよいことになっている。

これに対して厚生労働省の児童福祉行政では一般に、「重症心身障害児」と呼ばれている。「重症心身障害児」の場合は、厳密な規定ではないものの、「心身」と付けられているように、一般に「心」は知能指数が三十五以下、「身」は肢体不自由、あるいは目が不自由、または耳が不自由であり、日常生活の全般において介助が必要とされているという、「心」と「身」の両方の障害がある人を言う。本書では広いほうの概念をとって、「重度重複障害」としておく。

聴講する学生は教職を目指す者が大半であり、一般の人よりは障害のある人たちについて理解があるほうだろう。それでも彼らはこのあと、それまでの常識を覆されるような経験をすることになる。

まず、東京都中野区の大野《おおの》剛資《たかし》さん（三十歳）が、女性のヘルパーに付き添われて登壇した。

七か月の早産で誕生した彼が、重度の脳性まひだとわかったのは、一歳半になったときのことだった。

脳性まひとは、英語のCerebral Palsyの頭文字をとってCPとも呼ばれる。様々な原因で脳に損傷を受けた結果、運動機能障害が引き起こされる症候群のことを言う。厚生労働省が二〇〇八年（平成二十年）に発表した二〇〇六年（平成十八年）の身体障害児・者実態調査結果によると、身体に障害のある児童の原因疾患で、脳性まひは二十五・九％と四人に一人を占めて、最も多くなっている。

大野さんは、自分の意思では、わずかに手が少しだけ動かせる程度である。しかし自分の思いどおりにならない身体の動きは再々で、突然、身体が大きくのけぞったり、手足が勝手に動いたりする。このため大野さんは、最重度である一級の身体障害者手帳を持っている。

声も「お～」などという、意味のない音が唐突に出てくるが、これも本人の意思とはかかわりのない声なのである。声も身体の一部であり、自分ではコントロールが利かないのだ。簡単な単語が口から出ることもあるが、それをコミュニケーションの手段とすることはできない。大野さんは知的障害のある人を対象にした東京都の「愛の手帳」の、「重度」にあたる二度の認定を受けている。ときどき、わけのわからない言葉が口から洩れ、硬直した手をむやみに動かしている姿を見ると、多くの人は「かわいそうだが、何もわかっていないだろう」と思うことだろう。

そんな彼が、実は「言葉」を持っている。それも、赤ちゃん言葉などではなく、きちんとした日本語である。いずれも柴田さんの開発したパソコンのソフトと、身体が不自由な人専用の特別なスイッチを使って、パソコンで言葉を紡ぎだすのだ。そのパソコンとスイッチの仕組みについては、次章以下で詳しく紹介したい。大野さんはこの方法以外にも、お母さんやヘルパーと、指先を使って相手の手のひらに文字を書くことで会話ができる。

以下が講義で、パソコンを通じて大野さんが語った言葉だ。大学での講義ということを踏まえ、学校に対する自身の思いを述べたものである。原文はひらがなのみで綴られているが、読みやすさを考えて、漢字かな交じり文にしてある。

学校というところでは、何が一番大事かというと、よい仲間を作ることです。残念ながら、長い学校生活の間に満足のいく友達関係はなかなかできなかったけれど、ぼくは仲間とすごした時間が忘れられません。仲間はぞんぶんにぼくのことを冒険に誘いだしてくれました。仲間は『ごめんなさい』と言いながら、ぼくの前を走ってくれました。そういうあたたかいふれあいこそが、ぼくの生きる支えでした。なぜか中学の頃から仲間が離れていきましたが、(中略)私たちには言葉がないと思われてしまったからです。分相応の人生を生きるしかないとあきらめたのが、高等部の三年間でした。だからぼくは、後輩たちにはもっと生きる希望を与えられる教育をしてもらいたいです。希望さえあれば、ぼくたちは生きていくことができますから。残念ながら特別支援教育の時代になってから、希望はいっそう語られなくなりました。なぜなら障害者は増やされる一方で、まったくあきらめに似た空気ばかりが語られるからです。なぜならぼくたちだって、同じ人間なのにまったく違う存在として扱われることが増えたからです。

「二層に生き生かされて」

大野さんが小学校の入学適齢期になったとき、地元の教育委員会は養護学校を薦めたが、両親は、自宅近くの普通学校に通わせたいと強く要望した。これを受けて学校側は、特殊学級での受け入れを提示したが、両親は、一般の子どもたちと同じ普通学級に通わせたいと望んだ。確かに重い障害はある。しかしそれでも、いや、だからこそ、自分で社会を生き抜いていく力を身に付けてもらいたいと考えた。そのためには、地域の子どもたちという最初の社会と触れ合ってほしいと願ったのだった。

養護学校は身体が不自由だったり、知的障害のある子どもたちに教育を行う場所として一九四七年（昭和二十二年）に制度化された学校で、当時の学校教育法によれば、「幼稚園、小学校、中学校又は高等学校に準ずる教育を施し、あわせてその欠陥を補うために、必要な知識技能を授けることを目的」としたものである。しかし義務制ではなく、施設も不十分なことから、就学猶予や就学免除とされる子どもたちも多かった。これに対する批判を踏まえ、施設も増設されて、一九七九年（昭和五十四年）には養護学校も義務教育のひとつとされたのである。これにより、家庭待機を余儀なくされていた子どもたちに就学の機会が行き渡ったのは、評価されるべき点である。その一方、それまでなら普通学級に通っていたはずの子どもたちについて、養護学校という箱ができたことによって、養護学校への入学を強く勧める教育委員会と、それに反対する親との間でトラブルになるというケースも多々見られた。二〇〇七年（平成十九年）に養護学校は、盲学校、聾学校とともに特別支援学校に一本化され、現在に至っている。

養護学校は、「養い護る」という表現からもわかるように、「恵まれない子どもたち」を「まもってやる」というような、恩恵的な印象がある。これに対して、現在の特別支援学校は、英語で言えばスペシャルなサポートを提供するということであり、個別のニーズにあった教育を行うという理念がある。その意味では進化しているのだろうが、一方で、まったく変わらない側面もある。それは共生の理念に裏打ちされた統合教育ではなく、隔離という考えをより徹底させる分離教育という側面だ。

話を戻すと、大野さん親子にとって、その頃の養護学校や特殊学級は、本人の個性を真に尊重したものとは映らなかった。大野さんにとって幸いだったのは、ふだんは医療的なケアが必要なく、食事も一般の子どもたちと同じものを食べられたことだった。そして教育委員会と学校は、両親の願いを否定するだけの材料を持ち合わせていなかった。

こうして義務教育では両親の強い要望がかなえられ、中野区立桃園第二小学校、中野区立第九中学校という地域の学校の、しかも一般の子どもたちと同じ普通学級に通わせることができたのだった。

学校の先生たちは職員会議で、「あんな重度なお子さんをこの学校において、いいものだろうか」と、何度も話しあったという。しかし結果的に、小学校と中学校で、一般の子どもたちに交じって、様々な授業を受けたことが、大野さんのその後の人生にとって、大きな糧となったのだ。それを大野さんは、「あたたかいふれあい」と表現して、大切な思い出にしている。大野さんは、大学でのスピーチを次の文章で締めくくった。

いい大学ですね。ぼくたちの話を聞いてくれる学生さんたちに心から感謝します。誰が秀でているとかいないとか、ぼくたちを見ればどうでもいいということがわかりますよね。だからつまらない競争をやめて、もっと共に生きる社会を一緒に作っていきませんか。

差別され、苦しんだ側からの、一度きりの人生を、共に歩もうという呼びかけであった。大野さんは、書きためた自身の詩をまとめて『きじの奏《かな》で』という詩集を二〇一一年に出版した。この本の冒頭で自らの生い立ちを綴った大野さんは、自分の過去について「二層に生き生かされ」たと表現している。表面的に見れば、重度の身体障害と知的障害があり、何もわからないだろうと見られている表層の姿。しかし、本当の自分は深層にある。それを誰にも伝えることができなかった。その境遇と切ない思いを言い表した言葉である。

あきらめの世界に吹いた風

もう一人のゲストスピーカーは、東京都新宿区の里見英則《さとみひでのり》さん（二十一歳）で、聴講する学生たちと同年代である。里見さんも重度の身体障害と知的障害があり、重度重複障害とされている。やはりリクライニング式の車いすに乗っている。片言の言葉が口からもれるが、初対面の人にはなかなか理解はむずかしいだろう。そんな里見さんだが、大野さんと同様、私たちとコミュニケーションをとることができる。ふだんはお母さんの見千子《みちこ》さんや、介助のヘルパーが持つ、厚紙で作ったアルファベットの文字盤を指さしながら、ローマ字による文章を作ることで、意思疎通をはかっているのだ。

いまではこうしてヘルパーさんがたくさんぼくのこの方法ができるようになってくれたので、愛が届けられてうれしいです。愛が届けられるというのは、ぼくのこの方法を信じてくれる人が増えてきたということです。ぼくのこの方法を信じてくれることが愛が届くことと思って、いま、たくさんの愛を届ける仕事をお母さんやヘルパーさんと一緒にしています。きょうはこの方法で話ができて、聞いてもらえるのがうれしいです。

次に、通訳がお母さんから柴田さんに変わり、里見さんはパソコンでメッセージを書き始めた。やはり原文はかな表記である。

銀色の風が吹いたのは、ぼくが高等部の三年のときでした。それまでは、ぼくは言葉のない子として扱われていたので何も教えてもらえませんでした。誰もぼくには話しかけてもくれないし、何も教えてもらえずに、勇気をなくしそうになっていました。挽回するには時間が足りませんでしたが、もう一度、ふつうの学校で勉強したいです。なにより仲間がほしいです。誰もぼくは、同い年の仲間がいません。それは、ぼくが養護学校しか知らないからです。仲間はみんな同じ気持ちです。だから、ぼくたちのことをぜひ仲間として受け入れて下さい。教師になったら、ぼくたちを差別しない先生になって下さい。誰にでも悲しみがあると思うので、みんなの悲しみを受け止められる先生になって下さい。学校は、分けないほうがいいと思います。

里見さんは大野さんとは違って、小学部からずっと養護学校で学校生活を過ごしてきた。一般の小学校とのごくわずかな個別交流が認められはしたが、同じ年代の障害のない子どもたちとのふれあいが、ほとんどなかったのである。「仲間はみんな同じ気持ちです」と綴ったときの「仲間」とは、同じように障害のある友人たちのことである。そうした狭い世界の仲間だけでなく、一般の子どもたちの世界に触れたいと願うのは、子どもとして当然のことだったろう。

私は里見さんに、文章冒頭の「銀色の風が吹いた」意味を聞いてみた。

「それは高校三年のときに柴田先生に会ったことです。そういうと先生は恥ずかしがるけど、先生に会わなければ、ぼくはいまごろあきらめていたと思います。学校でもあきらめていましたから。ぼくたちは本当に救われましたが、まだまだ、何もわからないと思われている生徒たちがたくさんいるので、早くそういう生徒たちに銀色の風を吹かせてもらいたいです。ぼくたちの役割かもしれませんから。ぼくもがんばりたいと思いますので、みなさん応援して下さい」

里見さんは、いまでは新宿区役所で、障害者福祉を担当する部署の職員を前に、自分の経験を踏まえて、障害のある人たちとコミュニケーションを図る方法をレクチャーするまでに成長している。

今回の大学での講義には学生だけでなく、外部からも様々な人たちが彼らの言葉を聴こうと、教室を訪れていた。大学のＯＢや各種学校の関係者、ドキュメンタリー映画制作グループのスタッフ、重い障害のある人が家庭にいる人、それに地域の一般の人たちなど、様々な人たちが、関心を持って聴講に訪れていた。このうち何人かの声を紹介しよう。

教育学を専攻している大学院生の一人は、「『何もわかっていない』と思っていたわけではないのですが、ここまですごい言葉が返ってくるとは思わなかった」と、講義の感想を語ってくれた。

埼玉県立熊谷特別支援学校教諭の山中日出谷さんは、現実の教育現場を踏まえながら、まったく新しい教育の可能性を指摘する。

「障害の重い子の気持ちをどう汲み取るか、特別支援学校にとってすごく重要なテーマだと思うのです。こういう方法がどんどん出れば、支援学校が一気に変わると感じます」

鎌倉女子大学元理事長の仁科かほるさんは、興奮さめやらぬ表情で、次のように話してくれた。

「普通という言葉を使いたくないので、最近は『われら凡人』という言葉を使うのですが、凡人の意識とかの範疇では考えられない人を障害という枠に押し込めて、自分たちが安心しているのかなと、すごく思いました」

実際に講義に参加し、柴田さんらの通訳によるスピーチをはじめて目の当たりにした人たちは、障害のある人たちに対する、これまでの既成概念を一気に覆されたのだ。

國學院大學名誉教授で教育学が専門の楠原彰さんは、長年にわたって日本における南アフリカの反アパルトヘイト運動をリードした論客として著名であり、同時に柴田さんのよき理解者でもある。柴田さんがなぜ、障害のある人たちから言葉を引き出せるのかについて、柴田さんとの長い交友を踏まえて次のように推測する。

「それはみなさんとの付き合いでしょう。人間関係を大事にしますから。基本的にはこの人には託せるというのがあるのだと思いますよ。付き合い方が尋常じゃないですからね」

講義終了後、彼らは大野さんや里見さん、その家族のもとに詰めかけ、長い時間をかけて、パソコンやボード板、それに指先を使う方法などでコミュニケーションをとる仕組みを熱心に聴きとった。実際に、大野さんや里見さんの手をとって、ボード板ではじめての会話を試してみながら、それが間違いなく彼らの言葉であることを自分自身の感覚で確認して、あらためて感嘆の声をあげる人も多かった。

私たちは、感情や意識、夢や希望など、自分のあらゆる思いを言葉で表現する。つまり意識するかしないかは別として、人間と言葉とは、切っても切れない関係にある。逆に言えば、言葉を話せない人、言葉が出ていたとしても幼い言葉であったり、意味不明の言葉しか話せない人に対しては、まず戸惑い、その後、拒絶する人もいれば、憐れみの表情を浮かべる人もいるだろう。超重度の身体障害で手や足が動かなくとも、言葉が通じて会話が成立しさえすれば、対応はまったく違ったものになるはずだ。

実は、この道の専門家である柴田さんも、知的障害があると言われている人たちが深い思いや言葉を持っていると、最初から考えていたわけではない。数年前までは、そんなことなど、考えてもみないことだったのだ。では柴田さんは、どのように彼らに対する理解を深めていったのだろうか。次章では、柴田さんと、一人の少女との出会いを振り返りたい。

第二章　息づいていた意識

言葉を持っていないということ

「かんなかあさんがすきめいわくばかり」

東京都町田市の八巻緩名《やまきかんな》さんは九歳のとき、生まれてはじめて、言葉で自分の気持ちを表現した。ひらがなばかりのこの文章が、そのひとつである。

多くの子どもたちは、一歳前後で「ママ」や「パパ」などの単語を口にし、徐々に言葉をマスターしていく。しかし緩名さんは、九歳で文章を綴るまで、言葉とはまったく無縁の存在と見られていた。

緩名さんは生まれつき身体の自由がきかず、身体障害者手帳は最も重度の一級である。養護学校に入学するようになっても、脳が通常の三分の二の大きさしかない緩名さんは、知的には「生後六か月以前のレベル」と診断され、重度重複障害のなかでも最重度に分類される状態であった。言葉がないことは言うにおよばず、周囲のことを何も理解していないと、一番身近な存在である両親でさえ思っていた。

「人間は動物とは違う」という思いが、我々のなかにはある。その際の「人間」としての条件のひとつは人間としての意思であり、それは言葉など、なんらかの方法で表現された意思の表出という形で確認される。つまり、最重度の知的障害がある人、ことに言葉を持っていない存在は、いまの社会では残念ながら、同じ人間としては扱われない。

例えば長期療養型の病院や老人介護施設などで、寝たきりの入院患者、入所者を前に、「言葉がわかれば、希望をかなえてあげられるのですが」と職員がつぶやくのを、私は聞いたことがある。その裏には、「言葉がわからないから、寝たきりにしている」という自己弁護が含まれている。つまり、言葉がないということは、介護者にとって、寝たきりのままで放っておくという現状を肯定する、都合のよい言いわけなのだ。端的に言えば、家族以外にとって、緩名さんのような存在は、自分たちとは違う世界の住人であり、露骨に差別の対象とされることもある。

そんな緩名さんが、実は言葉を持っていたのである。それも「ママ」や「パパ」といった簡単な一語文のレベルではない。母親に対する愛情と感謝の念、いたわりの気持ちや自分の状態に対する複雑な思いなどが、わずか十七文字の文章に込められている。

これはある意味で、世の常識を覆す出来事だ。では、誰が、どのようにして、緩名さんに言葉があることを見出したのだろうか。

一九九四年（平成六年）十月、東京都内の大学病院で、八巻緩名さんは二千二百五十グラムの未熟児として、この世に生を受けた。だが綏名さんの誕生は、すべての人に祝福されたものではなかった。すでに妊娠五か月の段階で、脳に異常のあることが確認されていたのだ。診断名は重度の脳室拡大である。

豆腐のようにやわらかい脳は、脳水と呼ばれる液体に浮かぶようにして存在し、まわりを硬い頭蓋骨で守られている。その脳水は、脳の中心付近にある脳室で作られるのだが、何らかの理由で脳室が拡大すると、頭蓋骨の内部という閉ざされたスペースのなかで圧力の逃げ場がないため、結果的に脳が圧迫され、症状が重度になると、胎児の脳は育たない。

綏名さんの場合、両親は医師から、「まともには育たない。長く生きられないかもしれない」、担当の看護師からは、「歩けないし、しゃべれない。目も見えないかもしれない。ほぼ寝たきりでしょう」と告げられていた。

「受け止められますか？」

「本当に覚悟、できていますか？」

何度も何度も繰り返し、出産に向けた覚悟を問われた。

「でもそんなこと、生まれてみないとわからないですよ」

父親の博さん、母親のはるみさんは、ありのままのわが子を受け止めることにした。

自然分娩で無事に誕生した綏名さんの写真を見ると、ふっくらとした表情で愛らしい。ほかの赤ちゃんと同じように、しっかり泣いたという。

博さんは東京都町田市で工務店を経営する大工さんで、自分の大切な仕事道具のかんなにちなんで、名前を付けたという。

緩名さんには重度の障害があった。一般的には四か月から五か月前後で首が据わってくるものだが、緩名さんの首はいつまでたってもぐらぐらしたままで、寝たきりの生活が続いた。寝返りも打てず、体温調整もむずかしかった。

身体の感覚について言えば、突然、違和感のある音がすると、その拍子に身体をぴくっと硬くすることがある。ということは、耳は聞こえているように思われた。

目は見えていたのだろうか。はるみさんは、折に触れ、様々なものをかんなさんの目の前に持っていくのだが、何の反応もない。

「(医者の)先生が、ライトを目の前で動かすけど、追わないのです。だから、見えてないと思っていたんです」

緩名さんは表情もほとんどなく、言葉もない。手や足などを動かしたりして、意思表示することもない。反応がないから「見えない」、「何もわかっていない」と診断されてしまう。しかし、視覚の検査をしてみても、実際はどうなのか、本当のところは確認のしようがないのだ。

往々にして多くの人は、これほど医学が進歩してきているのだから、本人の反応がなくても、画像診断装置や脳波の検査など、最新の技術を使って正確な診断ができるだろうと漠然と思っている。しかし人体は宇宙と同じで、知れば知るほど、未知の世界が広がっていく。医学とは、膨大な試行錯誤の積み重ねであり、その経験は貴重なものだが、しかしあくまで、現時点における到達段階にすぎないのである。推論はできるが、それが正しいとは限らない。私たちが当然だと思っていることが、実はまったく的外れだったということも、往々にしてある。

話を緩名さんに戻そう。彼女の唯一の自己表現は、泣くという行為だった。お腹がすいたら泣く。何かで痛かったら泣く。それ以外は、ほとんど反応がなかったし、寝たきりで、動きもなかった。

そんな緩名さんについて、家族はどう感じていたのだろうか。ほかの子どもとの違いについて聞いてみると、父親の博さんは、こう語ってくれた。

「最初から違うと思っているから、別にそれは、特に感じなかったですね。寝たきりだと思っているから、進歩もないだろうと……。期待はまったくしていなかったですね」

しかしそれは、緩名さんを大切にしていないということではない。むしろ、その逆である。家族アルバムを見ると、首の据わっていない緩名さんの頭部を大事そうに支えながら、ディズニーランドや遊園地など、子どもの喜びそうなところにたびたび連れて行っている。毎日の仕事が忙しいなかでも、緩名さんの入浴は博さんが欠かさず担当した。

「お風呂で気持ちよさそうにしているんですよね」

最初は百パーセント周囲に頼っていた赤ちゃんも、成長して幼児になるに従って、少しずつ自分でできることが増えていく。しかし緩名さんは、身体は少しずつ大きくなってはいくが、いつまでたっても、赤ちゃんのままである。

　両親は保健師の勧めに従い、二歳半から緩名さんを、市内の療育園に通わせることにした。療育園とは、児童福祉法にもとづき、心身に障害のある子どもたちを援助する施設である。しかしそこでも、緩名さんに大きな変化はなかった。

　そんなとき、ひとつの転機が訪れた。障害のある子どもたちが集う「かりんくらぶ」に参加するようになったのである。

困難な発達段階の見極め

　かりんくらぶは、町田市内の通園施設で音楽療法を非常勤で担当していた花岡公美《はなおかくみ》さんが、施設を辞めることになったのだが、そのあとも、子どもたちとかかわりを持ち続けたいと、特に障害の重い子どもたちの親に呼びかけ、賛同した十組の親子が集まって一九九七年（平成九年）四月にスタートしたグループである。ふたつの班に分かれて、それぞれ毎月一回のペースで会員が集い、音楽療法をしたり、様々な教材を利用したりして、子どもたちが学習に取り組んだ。会場は、当初は会員の自宅を使い、その後、市内の団地の集会所やホールの一室を借りるようになった。

　そのかりんくらぶに欠員が出たので、「よかったら、参加してみませんか」と、一九九九年（平成十一年）の冬に誘われたのだった。

そのとき、かりんくらぶで専門家による指導を担当していたのが、國學院大學教授の柴田保之さんだった。養護学校で教員をした経験のある妻の奈苗《ななえ》さんも、共に指導に参加していた。

柴田さんは、教職課程の必修科目である教育心理学の担当者として國學院大學に招かれたのだが、自身の一番の専門は、障害児教育である。柴田さんは特に、障害が非常に重い子どもたちの心の世界を大切にしている。

「自分は言語以前の世界にこだわってきたつもりであるし、言語以前の豊かな世界をきちんと語ることをぜったいにおろそかにしてはいけない」

それが柴田さんの信念だった。柴田さんは、初対面の緩名さんを入念に観察した。簡単な呼びかけでは、何の反応もない。時間をかけて、様々な働きかけをしてみたが、太鼓をたたくとかすかに笑ったりする程度で、障害児教育の専門家である柴田さんから見ても、緩名さんが、言葉がわかっているようにはとても思えなかった。

「理論的な見地からも、発達の遅れが非常に重いので、到底、言語がないのが当たり前と、完全に思っていました」

ここで柴田さんが言った「理論的な見地」とはどういうものか、説明しておきたい。というのも、その「理論」によって、障害のある人たちに対するいまの福祉の施策や学校のあり方が規定されているからである。

それは「発達保障」という考え方である。障害のある人たちは、健常者とはまったく別の存在ではなく、同じ世界に暮らしていて、健常者と同じように発達する権利があるという考え方だ。この理論は障害がある人たちの教育や福祉の現場で、広く支持されている。この説明だけ聞くと、障害があろうとなかろうと本質は変わらないという、同じ人間としての連帯感に裏打ちされた、ヒューマニスティックで民主的な考え方だと思われるだろう。しかし、現実にそれが運用される場面になると、当事者が逆にその理論によって、一定の枠に規定されてしまうという問題が生じてしまうのがむずかしいところだ。この発達保障という理論について、歴史的側面も含めて言及しておきたい。

知的障害のある子どもたちを対象にした社会福祉施設というと、敗戦直後の一九四六年（昭和二十一年）に設立された、滋賀県の近江学園が日本の草分けである。創設者の糸賀《いとが》一雄《かずお》は、障害がある人もない人も、区別なく暮らせる社会を作ろうと努力を続け、日本における障害のある人たちに関する福祉を推し進めた第一人者として知られる。その糸賀は、障害のある子どもたちの教育について、著書の『この子らを世の光に』で、最終章に「発達保障という考え方」という節を設けた。障害があろうとなかろうと、すべての子どもに共通したものとして、それぞれの「発達の段階を、力いっぱい充実させながら克服してゆく姿がある」としたうえで、次のように記している。

一才は一才として、二才は二才として、その発達段階はそれぞれの意味をもっているのであって、その時でなければ味わうことのできない独自の力がそのなかにこもっているのである。一才は二才でないからといって低い価値ではない。それぞれの段階がもつ無限の可能性を信じ、それを豊かに充実させること以外におよそ人間の生き方というものがあるべきであろうか。

つまり「発達保障」とは、障害のある子どもたちにとって侵害されていた発達する権利を実現し、それを保障せよという思想なのである。

これを踏まえ、学校教育の「知能過信や能率主義によって子どもがどれほど損なわれているかもしれない」と批判したうえで、糸賀は課題を次のように指摘する。

問題は子どもたちの発達の段階をどのようにしたら豊かに充実させることができるかということである。教育技術が問われるのはこの一点においてである。しかし教育技術が生かされる基盤となるもの、むしろ教育技術をうみ出すもの、それは、子どもたちとの共感の世界である。それは子どもの本心がつたわってくる世界である。その世界に住んで私たち自身が育てられていくのである。子どもが育ちおとなも育つ世界である。あらゆる発達の段階において、子どもたちは、このような関係のなかにおかれ、あわてたりひっぱたかれたりしないで、豊かな情操をもった人格に育つ。それはちょうど木の実が熟して木からおちるように、次の発達の段階にはいっていくのである。

障害のある人もない人も、同じ世界で階段状に進歩の道を歩いているのであり、そのスピードが速いか、遅いかの違いがあるだけという。糸賀は「世の光」という言葉について、「精神薄弱といわれる人たちを世の光たらしめることが学園の仕事である。精神薄弱な人たち自身の真実な生き方が世の光となるのであって、それを助ける私たち自身や世の中の人々が、かえって人間の生命の真実に目ざめ救われていくのだ」という願いと思いを込めたと書いている。進歩のスピードは確かに障害のある人たちのほうが遅いが、しかし、「生命の真実」はむしろ、そうした子どもたちに教えられるという糸賀の教えは、「この子らに世の光を」ではなく、「この子らを世の光に」という言葉に象徴されている。

その近江学園に一九五六年（昭和三十一年）、京都大学教育学部助手だった田中昌人《たなかまさと》が就職して研究部に配属される。田中らが糸賀を支えながら、学園での指導の分析や大津市での乳幼児検診の結果などを踏まえ、一九六〇年（昭和三十五年）に「発達保障という基本方向を初歩的な形態で提起」したと、田中は記している。すなわち、人間の発達は法則的であり、それは人類すべてに共通している。ただし、発達のスタイルは、直線的に進むのではなく、「段階」的に「発達」していくという仮説であり、階段状に一定の状態を保ったあと、次のステップに進むという形をとるという。これを「発達段階論」と呼んだ。田中は後に京都大学教授となり、発達段階論を発展させてゆく。

具体的に見てみると、年が同じでも別の発達段階にある子どもたちがいる。それは低い段階にある子どもたちが異常ということではなく、その子なりのスピードで発達しているにすぎないのだから、教育する側は同じ学年だからといって、一律に同じ教育をするのではなく、その子にあった段階の教育をしなければならないという方法論が展開されてゆく。

確かにこの理論は、障害のある人たちを特別な存在として扱うのではなく、一般の人たちと同じ人間として捉えるという意味で、障害のある人たちの人権を尊重しなければならないという世界的な潮流に沿ったものであった。そこまではよいのだが、その結果として、障害がある人の発達段階の見極めが、非常に重視されるようになった。柴田さんも、この考え方に沿って、緩名さんの発達段階を理解していたのだ。

診断は生後六か月以内

緩名さんは相変わらずの寝たきりで、身体の動きはほとんど見られない。

「そういうお子さんに対して、わずかでも動くところが見出せれば、何らかの関わり合いができるということを経験的にわかっていたので、まず、それを探しました」

緩名さんの場合、それは右手だった。右手の甲が、ほんのわずかに動いた瞬間を柴田さんは見逃さなかった。それは、緩名さんの母親も、知らなかったことだった。

「世話はしているけれど、あんまり手とか、握らないですよね。立つとか座るとかになれば、手を持ったりしますが」

本人が意思表示するとは思ってもみないから、反応を詳しく調べることもなかったのだ。

「泣いたら、どうにかしてあげるとか、お腹が空いたんだなとか。親の立場からしか、見ていなかったんですよね。この子はもう、何もできないと思っているし、思いこんでいた」

柴田さんは、障害のある子どもたちと接する際、その子どもにあった教材を、市販で適当なものがない場合は手作りして、指導にあたっていた。一般的に「教材」とは、教科書やプリントなどの勉強道具のことをいう。しかし重い障害のために自己を表現できない子どもたちにとっての教材とは、自分を取り巻く世界とつながりをもつための道具である。

最初は、右手を動かすわずかな力で電流を入れたり、止めたりすることができる簡単なスイッチを用意した。これに様々な音源をつなぎ、スイッチのオンオフで、いろいろな音を出させてみることにした。用意した音源は子供向けの工作キット用に販売されているＩＣ部品で、チャイムの音やニワトリ、カッコウなどの声、それにオルゴールのメロディなどを奏でることができる。すぐに笑顔が見られたわけではなかった。しかし緩名さんがその行為に集中していることは、いつになく真剣そうな表情が現れたことから伝わってきた。

こうした経験を積み重ねるうち、やがて笑顔が出てきたのを、はるみさんは覚えている。

「ふいに音がずれたり、音をはずしたりすると、顔が笑ってました。にっこりと」

ふだんは、よく言えばおすまし、悪く言えば表情がない緩名さんが、にっこりとほほえむようになった。これだけでも、最重度の障害がある緩名さんにとっては、大きな変化である。

次の段階として柴田さんは、寝たきりの緩名さんの姿勢を変え、畳のうえに子ども用の小さな椅子を置いて座らせてみることにした。もちろん、彼女が一人で座ることはできないため、妻の奈苗さんが背後に膝立ちの姿勢で寄り添い、緩名さんの脇の下を両手で支えるのである。首もほうっておいたら、頭が、ガクンと下がってしまうため、奈苗さんが自分の身体を緩名さんの背中に押しつけながら、やや上向きの姿勢で安定させた。すると、不思議なことがおこった。緩名さんは足で畳を踏みしめ、手を畳につけてひじを突っ張るようにしながら、自分で身体を起こそうとしはじめたのである。残念ながら一人で起き上がることはできないが、しかし、ほぼまっすぐな座位がとれるようになった。

さらに、緩名さんの右手を、スライド式スイッチの取っ手の上に乗せてみた。全長は三十センチほどの長方形で、スイッチの部分が前後に滑るように動く仕組みになっている。すると、身体を起こそうとする動きにあわせて、手を手前に引き始めた。なんどか繰り返すうち、身体を起こそうとするときの上半身の動きと、手の動きが連動し、手の動きはさらに大きく、力強くなっていく。こうして、身体を起こすことと、手の動きとの密接な絡み合いが生まれてきたのである。

「最初にこれができたとき、緩名さんはとても晴れやかな顔をしました。寝たきりと呼ばれる緩名さんが、支えられてではあれ、自分で身体を起こし、手を上手に使ってスイッチを操作する姿は、とても感動的なものでした」

回を重ねるうち、柴田さんはスイッチをパソコンにつなぎ、いろいろな音楽やチャイムを鳴らせたり、画像がでたりするようにしてみた。緩名さんにその画面が見えているかどうかは、わからない。音楽や音を喜んでいるのかどうかも、定かではない。しかし、どんなに疲れているように見えるときでも、緩名さんの手を動かそうとする力は、決して弱まることはなかった。

最重度の障害がありながらも、大病を患うことがなかった緩名さんだが、養護学校の小学部に入学して一年生の三学期に、インフルエンザに感染した。

「それまではけっこう元気だったのに、それから、がくっと悪くなりましたね」

博さんは、インフルエンザを境に、緩名さんの体調が急激に悪化したという。だんだんと痰がからむようになり、食べるものも食べられず、食べ物や飲み物を誤って気管に入れてしまう誤嚥《ごえん》もするようにもなった。それが肺に流れ込めば、生命の危険もある。とうとう三年生のとき、ふたつの手術に踏み切った。ひとつは、腹部に穴を開けて流動食を直接、胃に流し込む胃ろうである。こうすると確実に栄養が胃に送り込まれる。しかし口で食べ物をかみ、味わって食べるという刺激が失われてしまう。その頃にはプリンとヨーグルトに笑顔を見せていた緩名さんの喜びが失われることになった。もうひとつの手術は、のどの下部を切開してチューブを挿入し、呼吸が確実にできるようにする気管切開である。しかし気管切開をすると、声帯に息が流れなくなるため、発声ができなくなる。声をあげて泣くこともできなくなる。

「うめくような声でしたが、それでも声は出ていました。だから、すごく悩んだんです。泣くのが意思表示だったので、声をなくしちゃうのに、すっごい……。でも、痰もすごかったし。気管切開したあと、（緩名は）顔だけで泣いていました。だからベッドで、向こう側に顔を向けておくと、泣いてても全然わからないのですよ」

両親にとってはつらい決断だったが、それでもふたつの手術で、緩名さんの体調は持ち直したようだった。

柴田さんは、せっかく元気になった緩名さんに、何か新しい取り組みができないかと考えた。そして思いついたのが、スイッチを操作したときに、チャイムや音楽ではなく、言葉がでるようにしようというアイデアだった。日常生活にあふれている人間の声を、刺激として利用するのもいいのではないかという程度の発想だった。そのための方法として、ワープロのソフトを利用することにした。

発達診断、あるいは発達検査と呼ばれる心理検査がある。先述した発達保障の理論を踏まえ、その子がいま、どの段階にあるかを見極めるためのものである。様々な機関や研究者が多様な手法を開発しており、特に幼児期の子どもの成育状況が、標準的な発達段階に比べて遅れていないかどうかを確認するために用いられることが多い。

この発達診断を、緩名さんに適用してみると、どうなるだろうか。身体の状態を問う質問に対しては「寝たきり」であり、「寝がえりがうてない」、「身体が動かない」。社会性のレベルを問う質問に対しては「呼びかけに対して、笑顔をときどき返す程度」であり、診断の結果は、生後六か月以前の段階という、最も発達が遅れている状態に分類される。体格も幼稚園児ほどしかない。相対的に頭が大きく、手や足は、か細い。そのとき、緩名さんの実年齢は九歳であった。

そんな緩名さんの状態を踏まえると、柴田さんは彼女が言葉を理解しているかもしれないと考えることなど、思いもよらないことだった。

なぜ日本のＡＣＣは遅れているか

ここで、少々長くなるが、緩名さんがどのような装置を利用したのかについて、説明しておきたい。というのも、最重度の身体障害があり、身体の一部がわずかに動くだけという人は、専門のパソコンソフト、それにその人にあった入力装置が必要になってくるからだ。緩名さんの綴った言葉が、緩名さん自身の手によって紡ぎだされたことを確認するためにも、その仕組みを詳述しておきたい。

まずワープロソフトである。最近では障害のある人向けに様々なソフトが開発されているが、柴田さんは使い勝手がよいよう、プログラムを自作している。その仕組みは、いたってシンプルだ。基本的にはひらがなの五十音表を想像していただければよい。

一番左の行が「あ行」で、右に行くに従って「か行」「さ行」と続いている。縦書きの文章は、この本もそうだが、右から左に進んでいくため、左から右方向というと、違和感をおぼえる人もいるかもしれない。しかし、パソコンで書かれていく文章は横書きのため、パソコンソフトの表記もそれにあわせて、左から右の方向になっているのだ。

さらにその左右の枠には、濁音や半濁音、長音などの記号が用意されている。

まず最初の選択でどの行かを選び、次の選択で、行のなかから一文字を選んで決定するという、二段階の手順で文字や記号を選択するようになっている。

次に、入力装置だ。緩名さんほどの重度の障害がある人は、キーボードを利用することができないため、外部に接続したスイッチで操作することになる。

一般的にはプッシュ式スイッチと、スライド式スイッチが知られている。このうちプッシュ式は、押すと「オン」、離すと「オフ」が切り替わる。広く普及しているのは、「ビッグスイッチ」や「ジェリービーンスイッチ」などと呼ばれる、大型で円形の押しボタンスイッチである。

一方、スライド式は、取っ手の部分が前後に動き、片方の端を「送りスイッチ」、反対側の端を「決定スイッチ」とすることができる。一台で、二つのスイッチ機能を持つことができるのだ。

柴田さんはこうしたスイッチも自作し、援助を行う相手の状態を見ながら、どの装置を使うか選んで使っている。繰り返しになるが、柴田さんが支援している人たちは、最重度の障害がある。緩名さんの手が動くといっても、それは両親でさえわからなかったほどの小さな動きなのだ。このように書くと、肉親でさえわからないものが、他人にわかるものかと思われる方も、なかにはいらっしゃるかもしれない。しかし、実際にそうなのである。私はこれまで、寝たきりや重度の障害がある人たちを多数取材してきたが、その経験から言えば、専門家は、母親でさえ見つけられなかった微妙な動きを探し出す。しかも、人によって千差万別のわずかな動きを、様々な道具を使って、スイッチ操作につなげていくのである。柴田さんは、その道のプロフェッショナルなのだ。

緩名さんの場合は、既述したようにスライド式スイッチである。わずかに動く右手を、横に突き出た木製のレバーのうえに置き、ガチャガチャと前後に動かすことでスイッチを操作するのである。ワープロソフトでどのように使うかというと、まず「送りスイッチ」を一回押すごとに、黄色の帯が一行ずつ移動する。選択したい文字の行のところに来たところで、反対側にある「決定スイッチ」を入力すると、その行が選ばれる。次に、まったく同様の方法で、送りスイッチを入力すると、行のなかを一文字ずつ、青い四角のカーソルが移動し、選びたい文字に来たところで、反対側にある決定スイッチを入力すると、その文字が確定するというわけである。スイッチが「送りスイッチ」と「決定スイッチ」のふたつあることから、柴田さんはこの装置を「2スイッチワープロ」と呼んでいる。

このとき、行を選ぶための黄色い帯や、行内の文字を選ぶための青いカーソルの移動を、パソコンが一定の時間の間隔で自動的に行うよう設定することもできる。そうすると、入力の操作は「決定スイッチ」ひとつで足りることになる。

自分で送っていく方法は「ステップスキャン方式」、自動で送られる方式は「オートスキャン方式」と呼ばれる。障害の内容によっては、オートスキャン方式のほうが楽という人もいる。特に中途障害のＡＬＳ・筋萎縮性側索硬化症の人などには有効だ。しかし柴田さんが付き合う人たちは、たいていがステップスキャン方式だ。なぜかというと、オートスキャン方式は、放っておいたら、行の帯や文字のカーソルがどんどん進んでいってしまうため、最重度の障害がある人には、決定ボタンを押すタイミングの調節がむずかしいのである。

パソコンの急速な普及と進化に伴って、現在では、ほかにも様々な入力装置が開発されている。動かせる身体の部分を追求していった結果、視線を使って画面を見るだけで操作が可能な視線入力スイッチもできている。さらに全身のどこも表面的には動かすことができない人のために、脳内の血流の変化を測定したり、特定の脳波に応じてスイッチのオン・オフができるスイッチもできている。「はい」「いいえ」と念じる際の脳波を、ヘッドギアのようにして頭部に装着した装置がとらえ、それにより本人の意思を確認するのである。

こうしたシステムは、ひとまとめにするとＡＡＣ（Augmentative & Alternative Communication）＝「拡大・代替コミュニケーション」と呼ばれている。これは、当事者に残されたわずかな能力、たとえばかすかな声、動かせる視線やまぶた、首や手など、自分の意思で動かすことのできる部分のすべてを活用し、コミュニケーション・エイドと呼ばれる道具や装置を利用してコミュニケーションをはかろうというものである。

残念ながら、日本ではＡＡＣの普及は欧米と比べて遅れていると言われる。その理由は、第一に日本では障害は乗り越え、克服すべきものと考える人が多く、声が出ないなら声を出す、手が動かないなら手を動かすというリハビリが重視され、道具を代わりの手段に用いるという方法が軽視されやすいという社会的環境がある。第二に、障害のある人は介護者が守り、保護する対象であり、当人の意思を尊重するという「自己決定」の論理が入りにくいという風土もあるだろう。

「かんな」「はすき」の謎

話を戻すと、柴田さんが2スイッチワープロを使用する際のポイントは、音声ガイドである。カーソルが行や文字上を動くごとに、器械が音声で読み上げるよう設定する。柴田さんが当初、利用した市販のソフトは、音声の読み上げに対応していなかった。やがて自作ソフトを作るにあたり、柴田さんは、少しくらい視線がパソコン画面からそれても大丈夫なようにとの思いから、補助的に音声の読み上げ機能を付けてみた。ところが、実はこのほうが、重要だったのだ。

というのも、重度の身体障害がある人は、一定の姿勢を長時間続けることが苦手である。視力も様々で、画面がちゃんと見えているかどうか、疑わしいこともある。これに対して音声での読み上げなら、どんな姿勢であっても、スイッチの操作さえできれば、文章の作成が可能となる。

聴覚という感覚の重要性もある。いわゆる植物状態と呼ばれる遷延性意識障害など、きわめて重い障害がある人たちに音楽と運動を組み合わせた治療を行っている脳神経外科医の前田行雄さんは、私の取材に次のように話してくれたことがある。

「意識のない人に本を読めと言ったって、できないでしょ。しゃべれと言ってもしゃべれない。

しかし聞くのは、耳の能力があって、大脳に伝わっていれば、必ずできるわけです。音というのはいろんな意味で、最も原始的なもので、例えば人間が死ぬとき、最後に残っている感覚は音だという説がある。音とかにおいは、もともと動物が生き延びていくために必要な感覚の中心なんです。そういうところを刺激すると、脳に情報が入っていきやすい。そこからいろんな感情だとか、記憶などに働き掛けるわけです」

脳に重い障害のある緩名さんにとって、音声による情報の重要性は、障害のない人たちよりも高かったのかもしれない。

二〇〇四年（平成十六年）六月二十五日、九歳の緩名さんがパソコンの前に座った。その後ろには、柴田さんの最大の理解者であり、作業の面でもパートナーである妻の奈苗さんが膝立ちの姿勢で寄り添い、緩名さんの両脇を両手で持って身体を支える。柴田さんはスライド式スイッチの本体を持ち、緩名さんの入力を援助する。そのとなりでは、母親のはるみさんが、じっと様子を見つめている。こうして準備が整うと、いよいよ実践の開始である。

そのとき用意していたスイッチは以前から使っていたスライド式のもので、それもやや大きめのものだった。スライドする長さは、三十センチある。両端がスイッチとなるが、緩名さんに、両側を使った操作は無理である。

緩名さんの得意な動きは、手前に引くことだった。そこで、緩名さんには行送りや、文字送りの選択を手前に引く動作で入力できるようにした。行の決定や、文字の決定は、スイッチの台の側を柴田さんが動かすことで行う。緩名さんが反対側のスイッチも入れることができたらいいのだが、障害のために困難だからである。

声が出るソフトだから、聞き慣れた人の名前がいいだろうと、まず最初は、全面的に柴田さんが補助する形で、一緒に「かんな」という三文字を書いてみることにした。緩名さんが「かんな」という音声を、自分の名前、あるいは言葉の要素として理解していなくても構わないし、それは仕方がないことだと、柴田さんは思っていた。しかし、自分の名前だから、親しんだ響きであり、喜んでくれるのではないか。そして文字を選択する際に出る、「あ・か・さ・た・な……」、「か・き・く・け・こ」といったコンピューターによる音声を、それまでのチャイムの代わりに楽しんでくれれば、それでいいと思っていたのだ。

作業を始めると、緩名さんの右手は、しっかりと動く。彼女は画面を真剣に見つめながら、とても集中しているように見えた。

「こっちが勝手に決定して、本人は選んでいないのです。本人はただ、ひっぱって、カチャカチャと動かすだけ」

やがて、緩名さんの「選択」スイッチと柴田さんの「決定」スイッチの操作で、「かんな」の三文字がパソコン上に表示された。柴田さんには、それで十分だった。

ところが、緩名さんの手は、さらに動き続けた。柴田さんがスイッチ操作をしなくても、緩名さん自身がスイッチを引く動きを続けたのである。そして、その動きが、ときどき止まるのだ。

柴田さんにとって、「かんな」という文字を書いただけで、その日の目標は達していた。だから、それ以降の動きは、緩名さんがスイッチを引いて、遊んでいるのだろうとうれしく思い、手が止まったときは、休憩しているようにしか見えなかった。

そのとき奈苗さんは、柴田さんとは違った行動をとった。緩名さんの手が止まったとき、手を伸ばして決定のスイッチを入れたのである。すると緩名さんは再び、カチャカチャとスイッチを引っ張る。手の動きを止めると、奈苗さんが決定スイッチを入れる。その繰り返しが続き、やがてパソコン画面に、次のような三文字が現れた。

「はすき」

この三文字だけだったら、無意味な文字の羅列にすぎない。しかし、最初から通して読んでみると、どうだろうか。コンピューターの音声が響く。

「かんなはすき」

緩名は好き、となる。このときの緩名さんは、視線を画面に注ぐこともなく、ひたすら耳をすませて、コンピューターが読み上げる文章を聞いている様子だった。

柴田さんは、予想だにしなかった出来事に、混乱した。そもそも、緩名さんが言葉を理解できるはずがない。さらに、パソコン入力にあたって、緩名さんにたいした説明もせず、練習もしていない。だから、意味のある文字を選択することなど、できようはずもない。

帰りの車のなかで、柴田さんは奈苗さんと口論になった。

意味のあるように見えただけであり、偶然の出来事だったのだろうか。

柴田さんは、このことを、どうとらえればいいのかわからなかった。たまたま並んだ文字が、いったい何だったのだろうか。ではこれは、いったい何だったのだろうか。

二人のなかに、きまずい空気が流れた。

「いいえ、私はやっていません」

「あなたが選んだんだろう」

「ん」が意味していたもの

かりんくらぶのメンバーの障害はみな、重度のため、柴田さんの指導はすべて個別に、一時間ずつ行われる。このためかりんくらぶは二つのグループにわかれ、それぞれ毎月一回の指導となっている。

七月、八月の指導では、特に進展は見られなかった。六月の出来事の整理がつかないまま、ワープロを後回しにし、音楽などでのかかわりを進めているうち、終わりとなってしまったからだ。

「緩名さんが文字を綴ったとは、どうしても納得がいかない。しかし、もしも、万が一本当だったとすれば、こんなにすばらしいことはない。このことは絶対に確かめなければならない」

そう考えて、九月二十四日の指導日を迎えた。会場は、団地の集会所の一室である。

「今回は、きちんと確かめなければ」

そう思いながらも、なかなか踏ん切りがつかず、柴田さんはワープロソフトではなく、音楽ソフトを取り出した。これはスイッチを入れるたびに、あらかじめ組み込んでおいた和音が順番に鳴るというものだった。同じグループの女性がとても興味を示していたもので、以前の緩名さんなら、関心を示すはずのものだった。

緩名さんはスイッチを引こうとしない。まったく興味を示さない。

「体調の問題でもあるのだろうか」

柴田さんは一瞬、そう思った。しかし、その後の出来事を考えると、明らかにそうではなかった。彼女は、ワープロが出てくるのを期待していたのだ。

「緩名さん、あきてるんじゃないの？　つまらなそうだから、ワープロをやろうよ」

奈苗さんの言葉に、柴田さんは従うことにした。

そのときのビデオが残っている。

ワープロの画面が出た瞬間、彼女の顔が輝き、視線が画面に注がれた。そのときのことを、柴田さんは次のように回顧している。

「きっと彼女は、この三か月間、このときを待ち続けていたのでしょう」

柴田さんは緩名さん用に、小型のスライド式スイッチを用意していた。スライドする幅は前回のスイッチの半分の、十五センチ程度である。柴田さんが本体を横にして持ち、スライドする部分から棒状に突き出た、取っ手のようなレバースイッチを、緩名さんが右手の手のひらを上から乗せるようにして握った。緩名さんにとって、一番楽な姿勢で、ガチャガチャと前後に動かせるようにしたのである。

六月のときと同じように、まずは緩名さんの名前を入力することにした。緩名さんは、小さな動きではあるが、確実に取っ手を引いてゆく。そこで、引く方の動きは緩名さんにまかせて、柴田さんは、「かんな」の文字が選ばれるよう、適切なところで、台の方を動かして決定のスイッチを入れ、行や文字を確定していった。そのとき、思ってもみないことが起きた。カチャカチャと引いている途中で、緩名さんが、スイッチを押そうとする動きを始めた。スイッチの本体を持っている柴田さんには、その動きが、明らかに感じ取れたのだ。確かにビデオの画面で確認すると、引っ張るだけではなく、押そうとする動きが、はっきりと見て取れる。私の目で見ても、緩名さんは自分の意思でスイッチを操作しているのが、はっきりとわかる。ビデオでは、「押してる！」「押してる！」と、柴田さんや奈苗さんが興奮して叫んでいる。驚きの声があがるのも無理はない。最重度の重複障害がある子どもは何もできず、何も考えていないという世間一般の常識が否定される瞬間を、目の当たりにしたのだから。やがて「かんな」の文字が入力された。

緩名さんは、その後もそのまま、スイッチを押したり、引いたりしている。柴田さんは彼女の動きに任せた。パソコンが発する「あいうえお」「かきくけこ」という人工的な音声が響くなかで、文字が一文字ずつ確定していく。まず「か」、次に「あ」、そして「さ」と続いた。

「か」「あ」「さ」の文字は、いずれも行の先頭の文字である。しかし緩名さんの手の動きは、押す操作と引く操作が明確で、偶然に動かしているとは、とても思えない。明らかに、意思の力が感じられる。

「緩名さんは、言葉をわかっているのか……」

柴田さんは、あっけにとられた。同時に、たぶん、次に来る文字は「ん」だろうと予測した。

「さ」が確定したあとに「ん」を入力する場合、このとき使ったソフトのプログラムでは、取っ手を手前に七回引いて、一回押し、さらに二回引いて一回押すという操作が必要になってくる。もはや、これが偶然に選ばれるということはありえない。

「もし『ん』が選ばれたら、私の考えが根底から崩されることになる」

そのとき柴田さんは、とっさにそう感じた。

そして緩名さんが選んだのは、やはり「ん」だった。「かあさん」という単語を完成させたのだ。

さらに驚きは続く。

次の文字として「か」を選んだ。「かんなかあさんか」となった。「なんだろう?」と、柴田さん夫妻、それに母親のはるみさんは、息をのんで見つめている。カーソルが記号の部分に移動し、長音記号の「のばす」というコンピューターの合成音声に続いて、「てんてん」という声を出した。緩名さんは、スイッチを前に押した。濁点をふったのだ。めったに笑顔をみせることのない緩名さんが、ほっとした様子を見せて、かすかだが、にっこりとした笑みを浮かべた。

「いま、選んだね!」

柴田さんが歓声をあげた。濁点の打ち方など、それまで教えたことはなかったのだ。つまり、緩名さんが自分でパソコン画面を見て、確認して理解し、決定したのだ。

「濁点は特別な場所にあるわけですから、普遍性はないわけです。五十音表のあそこにあるって、自分で探して選ばない限りは、選べないので。とにかくわかっているレベルが、『ちょっとわかっている』とは違うんだということがわかりましたので、こっちもひたすら、圧倒されて……」

緩名さんの動きは、さらに続く。こうして十分ほどの時間をかけて、次の文章が完成した。

「かんなかあさんがすきめいわくばかり」

ここまで書くと、緩名さんは力を使い切ったようにぐったりとし、はるみさんの腕に抱かれた。

柴田さんにとって、それは衝撃だった。

「自分にとっては、それが大きな転換になりました。自分の考えが、基本的に間違いだったということが、それで証明されたのです」

私たちは、自分の考え通りにものごとが進まないと、つい、相手を非難したり、社会が悪いと憤ったりする。最重度の障害がある緩名さんは、言語に絶する理不尽な目にあってきたに違いない。それにもかかわらず、緩名さんが発した最初の言葉は、愛のメッセージだった。お母さんが好きという思い。母親に対する感謝の念と、いつも世話になっていることに対する申し訳なさ。そこには、自分自身にはまったく責任のないところで、自分がいま置かれている状況に対する複雑な思いも込められていることだろう。自分自身の生まれてこのかたの思いをすべて込めた、至上の一文である。

柴田さんは、この日の出来事について、次のように思いを綴っている。

「私たちは、かんなさんがいろいろなことを感じ取っているということについては、わかっていたつもりであった。しかし、それは言葉の理解ということではなかった。歌を歌いかけたり呼びかけたりはしてきたが、言葉を理解している存在として本気で話しかけたことはなかった。まだ、尋ねていないのだが、そういう関わり合いがどれだけかんなさんを傷つけたり、失望させたりしたことか、ゆっくり反省してみなければならないと思う」

母親の不信と得心

緩名さんと柴田さんたちとの交流は、毎月一回である。柴田さんは、次回が待ち遠しくてならなかった。

十月二十二日の会では、次のような文章が書かれた。

「そちこちで、みせあっているのへいき」

柴田さんが、ある研究会で緩名さんの姿をビデオで紹介したことについて、事後報告ではあったが緩名さんに知らせ、映写したビデオを彼女に見てもらった。それに対する緩名さんの言葉だった。会が終わったあとの、柴田さんの感想である。

「それまでまったく本人には無断で見せたり書いたりしてきたわけだから、許しをもらえて胸をなでおろすことができた。前月の言葉の切ないとも言える響きに対して、何かおおらかな響きがして、かんなさんがいちだんと大人っぽく見えてきた」

緩名さんの文章で、はじめて「、」すなわち読点が登場したが、これも彼女自身が決定したものだ。このあと紹介するかなな書きの原文で句読点が付いているものは、いずれも同様である。

十一月二十六日の会では、冒頭からパソコンで文章を書いてもらうことにした。この頃になると、緩名さんの、取っ手を引いたり押したりする「選択」や「決定」の動きも、いっそう明確になってきた。柴田さんはそれを理解し、読み取りのスピードを速めていった。緩名さんの手の動きを感じながら、柴田さんが、緩名さんの手の動きにあわせて、スイッチの本体を反対側に動かし、彼女の手の動きを増幅していったのだ。こうすれば、緩名さんの負担も半減する。その結果、次のような、これまでになく長い文章を書くことができた。

「ぜったいしじするかあさんががんばってきたことおひさんのようなかあさんがやっぱりじぶんはあいしていますそうわるいことばかりではないよ」

ここで書かれた「しじする」とは、何を意味しているのだろうか。

緩名さんは、その前の年に胃ろうと気管切開の手術を受けていた。栄養を補給し、痰がからまないようにするためにはそのほうがよかったからなのだが、それは一方で、食べ物を味わうという楽しみを奪い、ほんのわずかの、声とは言えないような声であっても、声を奪う結果になってしまった。そのことについて、母のはるみさんは悩んでいた。柴田さんは、次のように記録した。

「お母さんのことについての深い思いを再び書いたもので、激しく胸をうちます。『しじする』

という言葉は、かんなさんが、ただただ受け身ですっぽりと包み込まれているだけの存在ではないことを意味しています。いわば、母に対等に語りかける大人のかんなさんの姿がそこにありました」

十二月二十四日、クリスマスイブの文章では、一転して、生活のことがテーマになった。

「ねふらいざーがちゃんときるーいすーなえるしせきがですぎる。」

その日、寒かったこともあり、柴田さん夫妻と母親のはるみさんとの間で痰のことが話題になり、それを踏まえて緩名さんがネブライザーについて記した文章だ。ネブライザーとは、薬を霧状にして口や鼻から吸い込むための吸引機のことで、痰をやわらかくし、気管支を広げて、患者の呼吸を楽にすることができる。

緩名さんの文章の意味は、「いすに座っているときは、ネブライザーのスイッチは切ってほしい。なえてしまうし、せきもですぎるから」ということだ。

「いす」の前後につけた「ー」は、長音の記号をみずから選んだものだ。というのは、緩名さんがネブライザーの話をパソコンに書き始めたため、その横で、柴田さん夫妻と、はるみさんとで、その意味を推測しているとき、「夜、寝ているときのことではないか」という話が出た。それを聞いていた緩名さんが、文章の途中で、あえて、「いす」と付け加えたのだ。パソコンの表にはカッコなどの記号がなかったため、その代わりに長音記号を使ったのである。柴田さんたちは、すぐには「ー」の意味がわからず、「何かのまちがいだろうか」と考えていたのだが、最終的にそう考えて、「なるほど」と、納得がいったのだった。

では、毎回付き添っていた、母親のはるみさんは、この出来事をどう受け止めていたのだろうか。実は、最初のうちは否定的だったという。

「ずっと（緩名の）ひじを介助しないと、（入力が）できない。だから、最初は信じてなかったんです。（柴田さんたちが）そこを持っていれば、どうにでも動くな、と……」

柴田さんや奈苗さんが、故意に文章を作り上げている、とまでは言わずとも、偶然の出来事を、意味のある行為のように解釈しているのではないだろうかと思われた。しかし、はるみさんがそう考えたのも、無理はない。緩名さんがお腹のなかにいる段階から、出産して、定期的に病院で診断を受け、そんなあらゆる段階で、医療や教育の専門家から、緩名さんの可能性を否定され続けてきた。他愛もない話をしたり、笑いあったりという、なんでもないことすら、緩名さんには無理と言われ続けてきたのだ。はるみさんは、自分で自分の心を抑えつけるしかなくなっていた。そうしなければ、あまりにつらすぎる。

そんなある日、緩名さんに言葉があると、突然言われたのである。自分の目の前で起こった出来事であっても、にわかには信じられない。そもそも、子どもたちの障害に関する専門家の大学教授ですら、目の前で起きたのに、最初は信じられなかったほどの出来事である。ただちに理解しろというほうが無理であろう。

しかし十一月のかりんくらぶで、「これはもしかすると、ひょっとする」と思うようになった、ある出来事があった。

緩名さんがパソコンで文章を綴ったあと、緩名さんの時間が終わりに近づいた。そのとき、緩名さんを後ろで支えていた奈苗さんが、別の部屋から呼ばれ、席を立たねばならなくなった。

「お母さん、ちょっと代わって下さい」

そう頼まれ、奈苗さんがしていた姿勢そのままに、はるみさんが緩名さんの右ひじを持ちながら、彼女の身体を支えることになった。やがて奈苗さんが、次の子どもの名前を呼ぶ声がした。

そのときのことだった。

「カチャカチャカチャカチャ」

緩名さんが、自分の手でスイッチを動かしながら、カーソルを「けす」にあわせて、決定スイッチを入れ、それまで書いていた自分の文章を、消していったのである。

「これは、見られたくないのか、それとも、次のお子さんのことを考えて消していったのか。緩名に聞いてないからわからないのですけど、そういう操作をした。全部は消せなかったんですけど、消していったので、(緩名が自分で)打っているんだなというのが、そのとき……」

柴田さんや奈苗さんは、スイッチの操作をしていない。それがはっきりした。自分で体験して、確認できたのである。次回の作文の内容で、それが明確な形で確かめられた。

「柴田先生も、奥さんも、知らないようなことを打ったんです」

それは「ねふらいざー」だった。夜、痰がからむため、ネブライザーを使っていたのだ。

「それは家でのことであって、柴田先生たちは知らないことじゃないですか。私もそんなこと、先生に一切、言ってないし。だから、そのとき、これは緩名の思っていることなんだな、ということが、はじめてわかって」

遺されたパソコン

はるみさんにとって、まさに驚愕の出来事であった。言葉はもちろん、まったく何もわからないと思われていた我が子が文章を書き、しかも、母親を「愛し」「支持する」とまで言ってくれている。はるみさんの胸に去来したものは、何だったのか。

「恐怖ですね」

喜び、ではなく、恐怖とは、どういうことか。

「なんかもう、みんな、わかっているんだなと思ったら、話なんか、できないですよね。だって、いつも近くにいるんですもの」

もちろん、家族が緩名さんの悪口を言ったりしたのではない。

「本人を目の前に、『緩名はどのくらい、生きられるのかなあ』とかっていう話もしたことがあったし。いろいろ、そういうことがわかってたっていうことが、なんていうんだろう……」

確かにそのときの気持ちは、単純なものではなかっただろう。そうはいっても、うれしさも少しはあったのではないだろうか。

「なかったですね」

本来なら大喜びしていいはずの母親に、「うれしさはなかった」と言わせたものは、緩名さんを理解していなかった周囲の世界のむごさを母親として感じ、それでも母親として、娘の側に立ってやれなかった無念の思いではないだろうか。

一方で柴田さんは、緩名さんが言葉を持っていたことに対する喜びを、次のように綴っている。

「こうして新しい扉が開かれました。開いたのはもちろん緩名さんです。どんなに障害が重くても、言葉の可能性を前提に関わらなければならないということを、この日、はっきり思い知らされました」

扉を開いたのは、柴田さんが言うように、緩名さん自身である。しかし、緩名さんが柴田さんと出会うまでは、扉自体が存在していなかったのだ。その、可能性の扉を用意したのは、柴田さんである。

障害のある、なしにかかわらず、あらゆる子どもは、無限の可能性を持っている。その可能性の扉を示すのが、教育の本来の役目であろう。であるならば、柴田さんこそ、言葉の正しい意味での教育者であろう。

こうして可能性の扉を、自らの手で開けた緩名さんだったが、運命は非情である。次回のかりんくらぶを五日後に控えた、二〇〇五年（平成十七年）二月二十日、日曜日の朝、緩名さんはひっそりと亡くなったのだ。

「前の日も、何の兆候もなく。朝、起きたら、もう息をしていなかった。（身体が）ちょっとあったかいくらいで。日曜日の朝でした」

緩名さんは気管切開をしていて、声が出ない。誰も、緩名さんの異変に気が付かなかった。安らかな死であった。

翌日、柴田さんは緩名さんの自宅を訪れた。

「日取りの関係で、お通夜は翌々日になっていたので、お宅はむしろ、すべてが嘘のような穏やかさに包まれ、そこに横たわる緩名さんも、いつでも目を覚ましそうな普段の寝顔のままでした。その緩名さんの中には、これから語るべき言葉が無限に詰まっていたはずなのに、その扉を開く鍵を私たちは永遠に失ってしまったということが、どうしようもなく理不尽に思われました」

確かに理不尽である。せっかく、パソコンという新しい技術を使い、緩名さんの世界が開かれたところなのに。母親のはるみさんや、父親の博さんも、これまでとはまったく違った、新しい生活が始まるはずだった。

「おやじに対する気持ちは、知らずに終わったよ」

笑いながら、そう話す博さんは、娘と話すのを楽しみに、次回のかりんくらぶに同行する予定だった。私も同じ子を持つ父親として、その無念さは痛いほどよくわかる。その願いはかなえられなかったが、自らの思いを次のように話してくれた。

「感無量ですよ。自分はこの子に対して、やれることはやったという風に思えるくらいにやったつもりなんですよ。だから、満足です」

　母親のはるみさんも、同様の感想をもらした。

「達成感かな。悔いもないというか……。いなくなっちゃったこと、死んじゃったことは悲しいですけど」

　そのうえで、短かった娘の人生を、博さんは次のように振り返った。

「たまたま、まわりに信じる人がいれば、人間として認めてもらえる。それは本当に、恵まれた人間だと思います。うちの子は、たまたま恵まれた子だったと思います」

　きびしく、つらい人生だったのではなく、恵まれた人生だったと博さんは述懐した。柴田さんにとって、それはうれしい言葉だろう。

　緩名さんが言葉を理解しているとわかったとき、「こわい」と感じたはるみさんだが、それはもちろん、緩名さんを愛しているがゆえのことである。緩名さんという娘を持った自分の人生について、次のように語ってくれた。

「私のことをいっぱい書いてくれて、太陽のようなおかあさんが好きって書いてくれたので、そのように生きていこうと思いました」

　父親の博さんは、緩名さんが通っていた養護学校に、パソコンと入力装置のセット、あわせて三台を寄付した。最重度の緩名さんが言葉を理解していた以上、ほかの子どもたちもパソコンで意思疎通できるのではないかと考えたのだ。

「(障害のある子どもの親の)誰しもが、自分の子がしゃべれるのであれば、本人から、どんなことを思っているかということを聞いてみたいっていうのは、やっぱりあるわけですよ。だから、パソコンの使い方を習えば、爆発的にみんなが言葉を話し出すと思ったんですよ。とりあえず、自分でできるのは、三台しかないけれども、それを学校で形ができれば、ぱっと養護学校全体にパソコンが広まるんじゃないか。柴田先生の教えが広まり、第二の柴田先生がどんどん出てくるんじゃないかと思ったんですよ」

柴田さんも、求めがあれば、使い方を指導すると約束してくれた。しかし博さんや柴田さんの願いに反して、学校から声はかからなかった。

「たまたまうちの子にかかわってくれた先生は、ある程度は、信じてくれています。しかし学校としては、そのための時間をもうけましょうということをしない。学校の先生に、こっちもそれ以上は望めないし。結局、それで立ち消え状態なんです」

残念ながらパソコンはほとんど活用されることなく、いまも学校の片隅にひっそりと置かれたままになっている。

第三章　言葉が紡ぎだされるとき

指先からあふれる思い

二〇一二年（平成二十四年）三月四日、東京都町田市の「まちだ中央公民館」大ホールで、「障がい者青年学級」の年度末の行事である、成果発表会が開かれた。青年学級運動は、障害のある人たちを対象にした生涯学習の場として、一九六〇年代から始まったもので、全国各地で展開されてきた。このうち町田市は、全国に先駆けて取り組みを始めた熱心な自治体のひとつで、特に知的に障害のある人たちを対象に、「音楽、スポーツ、演劇、創作活動などをとおして、集団活動に取り組み、『生きる力・働く力』を獲得することを狙い」としている。

現在、町田市の青年学級に参加しているのは、障害のある人たちがおよそ七十人。さらに彼らを支え、ともに活動する「担当者」と名付けられたスタッフが、三十人以上いる。総勢百人が、「うた・がっきコース」、「ものづくり・料理コース」、「くらし・生活コース」、「健康・体力づくりコース」、「げき・ミュージカル・ダンスコース」の五つの班にわかれ、それぞれの希望に応じた活動を行っている。この日は、その集大成なのだ。それぞれのコースごとに、オリジナルの劇やミユージカル、歌や詩、作文の発表などを行った。

このうち「うた・がっきコース」のメンバーは障害のある人が二十一人、サポートする担当者が八人いて、全コースのなかで最も大所帯である。前の年におきた東日本大震災を踏まえ、発表のテーマは「きずな」である。震災で被害を受けた人たちに向けたメッセージの作文や、自分たちで作詞作曲した歌などが披露された。その舞台の最後で、壇上から意見を述べたのが、三瓶《さんぺい》はるなさんである。

車いすに乗ったはるなさんは、そのとき二十一歳の大人の女性だが、体重は二十キロほど、身長は百三十センチ程度しかない。しかも、自分一人では身体をまっすぐに支えられず、上半身が前かがみなこともあって、さらに背が低く見え、外見は幼い少女のようだ。

右脇には、サポートする男性がしゃがんだ姿勢で、彼女の腕を支えている。はるなさんの右手を見ると、人差し指が、男性の左手の手のひらに触れている。そのまま、沈黙の時間が流れる。いったいそこで、何が行われているのだろうか。

はるなさんは、自力では身体をほとんど動かすことができない。言葉も自分の口ではしゃべることができない。しかし、わずかに動く部分がある。そのひとつが右手である。彼女はわずかに動かせる右手の人差し指を伸ばし、サポートする人の左手の手のひらにひらがなで文字を書いているのだ。これが指談《しだん》である。ちなみに読み方に正式なものはなく、「ゆびだん」と言う人もいる。指談という行為そのものが、まだ社会的に認知されていないため、特に決まった読み方もないわけなのだが、「筆談」を音読みで「ひつだん」というのに倣って、同じ音読みで「しだん」と言う人が多いような印象を私は受けた。

東京都港区の児童館で非常勤職員をしている桜井明美《さくらいあけみ》さん（二十五歳）も、その方法で彼女と会話ができるようになった一人である。手のひらに指で字を書くというと、簡単なことのように思われるかもしれない。一般の人にはそうであっても、最重度の障害がある人たちにとって、その動きは簡単なものではない。恐ろしく微妙な動きでしかないのである。それを桜井さんは、どのように感じ取っているのだろうか。

「はっきりとした文字にはならないんですけど、自分の頭のなかで組み立てるんです」

例えば線を縦に二本引いたのであれば、「い」か、「り」、横に二本なら「こ」の可能性が高い。

「横棒がまず一本、そのあと縦で、次に横、横みたいだったら、左手に書かれた文字が多少崩れていても、文字の組み立てを考えて、『た』と読みます」

最初はむずかしかった。それでも、まず、はるなさんの名前を読みとることからはじめ、徐々に彼女の力加減を覚えていきながら、ある程度は理解できるようになったという。

その方法で、はるなさんが舞台上から語った言葉は、次のようなものだった。

「わたしはとてもたくさんのひとがなくなったのをしって、とてもかなしい。もしも、じしんがきたら、わたしはにげることができるか、ふあんです」

時間が限られていたため、短い文章になっているが、それでも震災犠牲者を悼む気持ちと、障害のある自分自身の思いを表現している。

彼女の両親は福島県出身である。震災から一か月あまりたった四月二十五日には、次のような文章を、柴田保之さんの妻の奈苗さんの手のひらに書き記している。奈苗さんは介助付きの指談による通訳ができるのだ。原文はひらがなのみだが、以下は漢字かな交じり文にしたものである。

「原発で働いている人びとのことが心配です。被害にあっているのに毎日働いているのはかわいそうでたまりません。家もなくなって家族もいなくなってつらいと思います。（中略）自分たちがやらなければいけないと思って毎日のぞんでいるのでしょうか。自分のことよりも原発を安定させるためにやってくださっているのだと思います。福島の人びとを守るために頑張っておられるのだと思います。私は何もできないけれど祈って暮らしています」

原発事故を収束させるため懸命に作業を続ける人びとに思いを馳せている。さらに彼女は、「津波の意味」と題した一編の詩を、柴田さんの介助を受けながらパソコンで綴った。やはり原文はひらがなのみである。

私は勇気をもらおう
黙ったままで生きてきて何もわからないと言われてきたけれど
私もまた本当の希望の意味を知っている
黙ったままで理解されず小さな胸を痛めてきたけれど　私は理想を忘れない

悩み苦しむ私の姿を何度奮い立たせてきたことだろう
わかってほしい　私たちもまた被災者のように生きているということを
わかってほしい　私たちは黙々と希望を紡いでいるということを
小さな光がさしている　ランプの明かりがともっている
人生は本当に残酷な試練を私たちに課すけれど
また私たちは立ち上がる
涙を越えてもう一度

地震災害や原発事故の被災者に思いを馳せながら、同時に、自分の人生をそれに重ね合わせている。悩み、傷つき、苦しんだ者こそ、真の希望を理解し、理想を決して失わない。その力強い言葉は、最重度の身体障害がある外見とは裏腹に、はるなさんの内面に秘めた芯の強さを示している。

抵抗感に対する処理を知る

こんなに見事な詩を綴るはるなさんも、脳に発達の遅れがあるとみなされ、長い間、言葉を持っているとは思われていなかった。それも実に、十四歳になるまでのことなのである。ではどのようにして、彼女に言葉があることがわかったのだろうか。それは、前章で紹介した八巻緩名さんがきっかけとなってのことだった。

一九九〇年（平成二年）、三瓶はるなさんは、町田市に住む会社員の父、好久《よしひさ》さん、母、愛子さんの長女として誕生した。

自宅近くの病院で出産したのだが、その十二時間後に皮膚や唇などが青紫になるチアノーゼの症状が出て、小児の高度医療を専門とする都立八王子小児病院に救急車で運ばれた。最初の診察で、「心臓に障害がある」と診断され、すぐにＮＩＣＵ・新生児集中治療室で治療を受けることになった。しかし、なかなか原因がわからない。血液検査を二回したが異常なしだった。三回目の血液検査で、ようやく異常が見つかった。それは遺伝子の、ごくわずかな欠損だった。

人間の遺伝子はあわせて四十六本の染色体で構成されているが、男親と女親からそれぞれ由来する染色体が一本ずつ対になっており、サイズの大きい順に一番から二十三番までの番号を付けて呼び表される。しかしごくまれに、染色体の本数が一本多かったり、一本少なかったりする。例えば二十一番染色体が一本多くなった場合、三本となって、これを医学用語で二十一番染色体トリソミーというのだが、遺伝疾患としては最も発生頻度の高い、ダウン症の原因となる。

はるなさんの場合、三番目の染色体について、二本ある短腕《たんわん》と呼ばれる部分の一本を詳細に観察すると、その一番先の部分がほんの少し欠けていた。三回検査してみてようやく見つかる程度の、ごくわずかな異常だった。

はるなさんの心臓は、「ファロー四徴症」という心臓病と診断された。心室中隔欠損など、先天性の心臓の奇形が四か所同時に起こる特徴から、その名が付けられている。チアノーゼも、その症状のひとつである。乳幼児期の手術では、最も多い疾患のひとつとされている。

主治医からは、「脳の言語中枢に障害があり、言葉は話せません」と宣告された。「脳が萎縮しているので、動作のほうも遅れるでしょう」とも言われていた。

その言葉通り、はるなさんが言葉をしゃべることはなく、また言葉にならない声をあげることすらもきわめて少なかった。

「ただ、育てていく段階で、意思疎通ですごく不便を感じたことがないのです。だから、こちらの言葉はわかっているんだなと。家族のなかにいても、いろんな会話に入ってきて」

こうして私が愛子さんにインタビューしているかたわらで、はるなさんもテーブルにひじをついて、一緒に話を聞いている。

「いま、一緒にいるわけなんですけど、最初は偶然かなあと思っていたんですけど。でも、面白いときは一緒に笑うし」

町田市には、心身に障害がある未就学児のための市立の療育施設として「すみれ学級」が設けられている。「すみれ会館」という専用の三階建ての施設を持ち、地下には温水プールもある。屋外には、子どもたちが喜ぶよう、実物の蒸気機関車も展示してある。このすみれ学級では専任の言語療法士や作業療法士などが訓練や生活の指導を行っている。第二章で紹介した花岡公美さんは、このすみれ学級で非常勤の音楽療法士として働いていた。はるなさんは三歳のとき、すみれ学級に通うようになる。それが、花岡さんとの長い付き合いのスタートだった。

町田市立山崎小学校の肢体不自由児障害学級、通称「がんばる学級」の一年生のときには、第二章で紹介した「かりんくらぶ」が発足することになり、はるなさんも参加することになった。そこで柴田さん夫妻との共同作業が始まることになる。出会った頃のはるなさんについて、柴田さんは次のように記録している。

「私たちが普通に観察する範囲では問いかけに対する応答を認めることはむずかしい。だが、好きな物を見て笑う、好きな物に手を伸ばす、好きな音楽を聴いて笑う、あるいは集中するなどの行動を通して、彼女の興味や関心のありかを推測することはできていた。また、母親の話では、今起こっている状況やこれから起ころうとする状況がいやだったりすると、母親にしがみついてその気持ちを伝えることもあるという。

運動については、めだったまひが見られるわけではないが、全般に身体に力が入りにくく、対象に手を伸ばすということは起こっても、その対象物を操作することはむずかしかった」

こうした状況を踏まえ、柴田さんは、はるなさんについて、言語についてうんぬんする以前の状態であるとして、いかにして自発的な動きを広げ、その感じ方の世界を豊かにしてもらうかに重点を置いた。

基本的には、音や映像が流れるスイッチを利用した。取っ手を押したり引いたり、あるいは丸くフラットな円盤を押さえると、スイッチがオンになり、離すとオフになる装置である。

柴田さんによれば、こうした装置を通じて学ぶのは「抵抗感に対する処理」である。対象に働きかけたときに生じる抵抗感のなかに、抵抗感がより少ない運動方向を読みとり、その方向に運動を変えてゆくのだ。これは幼児が遊ぶ場面を連想すれば理解しやすいだろう。まだ遊び方を知らない幼児は、おもちゃを力まかせに扱う。例えば、おもちゃの家を使って遊んでいて、ドアをいくら押しても開かないとき、子どもはイライラする。そのとき、手前に引くことを教えてやれば、このドアは押しても開かず、引けば開くことを理解して納得し、慣れれば自然にドアを開けることができるようになる。これは運動の高次化と表現できる。

「抵抗感に対する処理」というキーワードは、人間関係一般にもあてはまるだろう。幼児は自我が発達してくると、なんでも自分の思いどおりにしようとする。そこで親や兄弟の抵抗にあうことで、社会関係を学び、抵抗感がより少なくなる方法を学んでいく。

事態を見抜いた母親の直感

しかしはるなさんは、柴田さんたちの働きかけに、なかなか乗ってこなかった。彼女は、好きな物には手を伸ばし、うまく保持できる物だったら抱えこむ。だが、柴田さんの用意した教材には、ほとんど運動を起こしてこない。最初は、興味の問題かと思っていたが、注意深く観察を続けてわかったのは、そうではないということだった。

はるなさんは身体障害の程度が最重度のため、抵抗にあうような力を入れること自体に困難を感じていたのだ。例えば、持つということについての最小限の抵抗感に対しては、運動を起こすことができるが、持った物を移動する際、何らかの抵抗に出会うと、運動を続けることが困難になるのである。さらに押すというような移動を含まない運動であっても、押し込む際の抵抗があり、それも困難だった。

こうした状況で彼女が自発的になしえたことは、軽く引っかけるようにしてスイッチを引いたり、スイッチにひじなどでよりかかって体重をかけるというものだった。この運動自体は、抵抗感による調整から生まれてくる運動の高次化がはっきりとは起こらず、目立った変化を導くことがむずかしかった。それでも柴田さんは、この運動をたよりに、かかわりを続けていった。

最初の頃は、光線銃のおもちゃに音源として組み込まれる部品を利用したスイッチを気に入ったようで、軽く取っ手を引いたり、プッシュ式のスイッチに体重をかけながら押したりして音を出していた。この音源を組み込んだプラスチックの箱形の容器を、満面の笑みとともにかかえこむ姿が、柴田さんには印象的だった。それ以外のものでは、なかなかこれほどの興味をひかなかったし、彼女もこの容器を見つけると手を伸ばして来るので、もっぱら、これに頼っていた。

やがてはるなさんは、テレビのアニメ番組「クレヨンしんちゃん」の画像を用いたソフトに強い興味を示すようになった。さらに、彼女がベンチャーズの音楽に関心を持っていることを母親の愛子さんから聞き、それらをパソコンのプログラムに組み込むことにより、スイッチを自分で押して好きな画像や音楽をパソコン上に出すということが、柴田さんのかかわる時間の中心を占めることになった。しんちゃんを動かしながら、ベンチャーズを聴くのである。しかしスイッチの操作自体は相変わらず、プッシュ式のスイッチをひじで押し続けるということが中心で、大きな変化はなかった。その頃のことを柴田さんは次のように書いている。

「私たちの関わり合いの目標は、スイッチ操作の際の自発的な運動をより広げていくことにあったので、自発的な運動がなかなか容易には変化していかないことにあせりを感じる日々だった。わざわざ時間をさいてきていただいても、音と映像で楽しんでいただくことしかできないというのが、申し訳なさにつながっていったりもした」

　そんな状況のなかで、はるなさんは中学二年生になった。柴田さんとの最初の出会いから、足掛け八年の歳月が流れていた。

　このとき、はるなさんにとって、大きな転機が訪れた。それは、はるなさんが変わったのではない。周囲が変わったのだ。そのきっかけを作ったのは、前章で紹介した八巻緩名さんだった。緩名さんは、二〇〇四年六月に、はじめてパソコンで「かんなはすき」と書いた。その段階ではまだ半信半疑だった柴田さんも、その三か月後に「かんなかあさんがすきめいわくばかり」と書くに至って、緩名さんが言葉を持っていることを確信させられた。これは柴田さんにとって、予想だにしない、まさに衝撃的な出来事だった。発達診断では「言葉の存在が予想されない」レベルと考え、緩名さんにとってよかれと思う方法で接してきたはずなのに、それまでの教育心理学者としての実績に裏打ちされた判断が百八十度覆されたのだ。緩名さんは、かりんくらぶのなかでも、最も障害のレベルが重いのである。そうであれば、これまで「言葉がない」としてきたほかの人たちに対する対応も、変えてゆかねばならない。

「はっきりとしていたことは、もはや私には目の前の子どもが言葉を有しているかいないかを事前に判断する力を持ち合わせていないということと、実際に働きかけてみて言語の存在が確認された時にのみ、その子どもに言語があったことが示されるだけで、仮にうまくいかなくても働きかけに問題があるかも知れないのだから、言語の存在について、何一つ確かなことは言えないということだった」

柴田さんは、人間という存在の奥深さを改めて思い知らされたのだ。こうした場面は、医学でも教育でも、あるいはほかのどのような分野でも、最先端の挑戦を続けている人たちであれば、必ず遭遇するであろう。そのとき、謙虚にあるがままの事実を受け止めるか、常識にとらわれて見過ごすかで、進路は大きく違ってくる。「自分の勘違い」と思ったら、それでおしまいだ。柴田さんは、「常識」を捨てるほうを選んだ。

緩名さんに言葉があることが確認されて半月後、二〇〇四年十月八日のかりんくらぶで、柴田さんはプッシュボタン式の「2スイッチワープロ」を用意した。いつも通りの音楽ソフトでリラックスしてもらったあと、ワープロの仕組みなどをわかってもらうことと、はるなさんのやり方を試行錯誤で探りあてるために、プッシュスイッチを使って、自分の名前とお母さん、そして友だちの名前を書いてもらった。

「はるなままましょうた」

もともと、自発的なスイッチ操作をめぐって取り組みが停滞していたこともあり、ここでは、柴田さんの妻の奈苗さんが全面的に手をとって一緒にプッシュスイッチを操作した。このため、はるなさんが言葉を理解しているかどうかはわからなかったが、とても興味深そうに画面に見入っている姿がビデオに残されている。

そして次回、十一月十二日のかりんくらぶで、彼女が確かに言葉を持っていることを示す出来事が起こった。この日もまずプッシュスイッチを用意したが、はるなさんはタッチパネルの画面に向かって手を伸ばそうとする。そこで、スイッチは使わずにタッチパネルのタッチ機能を使うことにした。なお、画面のタッチは送りスイッチに対応している。一緒に手をとってまず名前を書いたあと、さらにタッチを続けていくと、時折はっきりと手を引っ込めるような仕草をする。それを決定の意思として読み取り、文字を選んでいくと、「はるななのはな」となった。介助していた奈苗さんは、途中、「はるななの」という文字が書かれた段階で、「私ははるななのよ」という意味に解釈し、二番目の「は」は、もう一度、自分の名前を書こうとしていると推測した。しかしはるなさんはそうではなく、次に「な」を選択した。その後も何か書こうとしていたので、奈苗さんは、後段の言葉が「菜の花」を意味することに気付いたのは、やや間をおいてからのことだった。

母の愛子さんは、はるなさんが綴った言葉に驚いた。菜の花は、「はるな」という名前に込めた意味で、彼女が小さな頃から折に触れて、はるなさんにそのことを話しかけてきたというのだ。しかもそのことを、柴田さんたちに話したことはない。はるなさんしか知り得ないことだっただけに、その言葉がまぎれもなくはるなさんが綴ったものであることの証明となり、それを聞いた柴田さんたちの驚きもまた大きかった。こうして、はるなさんとの関係は、それまでの停滞を一気に打ち破って全く新しい世界が開かれることとなった。はるなさんがパソコンで字を書いたとき、どう感じたか、母親の愛子さんに聞いてみた。

「『あ、やっぱり』と思いました。というのは、本の読み聞かせとか、ビデオ鑑賞とか、ふだんお兄ちゃんが見ているテレビも一緒に見て笑っていたし」

同じ絵本を何度も読みながら、自分が笑う場所をわかっていたという。愛子さんが本をめくり、はるなさんが笑う。愛子さんが続けてめくろうとすると、母親の手を押し戻して、「もう一回やれ、もう一回読め」という指示をする。

「文字を見ているのかどうかわからないけど、常に同じ箇所で笑うし。全部、わかっているのだなということは、育てながら……。小学校に入る前からです」

わかっているとは思いながら、それを引き出す方法がわからなかったのだ。

「私には、それを引き出す能力がないし。鉛筆を自分一人で持たせるのはむずかしい。そういうことで、この子が文字を書くというのは無理だろうなと思いながらも、文字というものは、環境としては与えていたのです」

母親としての直感は、はるなさんの状態を正しく見抜いていた。
「ただ、それは、まわりの方はわからないし……」

心の中で育てていた友人

八巻緩名さんが言葉を綴ったことをきっかけに、ワープロで文字を綴るようになった子どもは、このグループに、さらに二人いた。それぞれ障害の状況は異なるが、それまで、こうした言語による気持ちの表現は困難だろうと考えられていた子どもたちだった。緩名さんとはるなさんを含めて四人の子どもたちの言語の可能性が短期間の間に開かれたということは、柴田さんたちにとって、きわめて大きな出来事であった。

緩名さんが亡くなったのは、その直後のことだった。

「これからたくさんの言葉を聞き、仲間たちと新しい世界を切り開いていくことを期待していただけに、大きな悲しみと衝撃が私たちを襲った。緩名さん自身、どれほど無念だったろうか。私たちは、子どもの死を前にすると悲嘆の中でなすすべを失ってしまうが、緩名さんが開いた扉をくぐってコミュニケーションの世界へ抜け出ることができた仲間がいるということは、緩名さんからの大きな贈り物だった」

通夜の席で、柴田さんは、はるなさんを緩名さんの棺まで連れていき、ともに、緩名さんに最後の別れを告げた。その日、柴田さんははるなさんと別れる際、緩名さんへの思いを次のかりんくらぶで書いてもらうよう頼んだのだった。

「はるなかんなさんのしをかなしいとおもった」

これが二〇〇五年三月十一日に書かれた文章である。柴田さんは次のような感想を残している。

「短い文ではあるが、ようやく言葉を綴り始めたはるなさんの深い思いがそこにはこめられているように思え、かんなさんの死をしっかりと受け止めていることが伝わってきた」

はるなさんの文章は、それから少しずつ、回を重ねるごとに長くなっていった。それは質的な深まりにもつながっていった。

はるなさんが綴った文章を、時系列でいくつか紹介していこう。

「はるなままいつもありがとうございます。はるな」（二〇〇五年五月十二日）

これは、母の日にあわせて書いたものだ。句点も、はるなさん自身が書き込んだものである。

「はるなあいたかったかもしたせんせいがあいにきたね。ほそいがつよいさ。またあいにこないかなぁ。かもしたせんせいへ」（二〇〇五年六月十七日）

すみれ教室に参加していたときの先生と、市内で開かれたコンサートで出会ったことを書いたものだ。小文字を交えた終助詞の表現など、文体は会話調で、文章表現が豊かになってきているのがわかる。

「よきひよきときににゅうがくしきまたむかえることができましたよ。そろってにゅうがくできなかったおともだちがいたのがざんねんでした。のりもののじこでなくなりました。ほんとうに

おしいことです。まよわずそのたましいがてんごくにいけますように」（二〇〇六年四月十四日）

養護学校高等部に入学するはずだった少年が、電車事故で亡くなったことを踏まえて書かれたものだ。人の死というものを理解し、追悼する気持ちが表現されている。

翌月には、柴田さんたちとの取り組みを見学に来た養護学校の先生を前に、次のような文章を書いた。

「くいちがうことがおおくてなみだいっぱいでましたよ。せんぱいのひとにからかわれておおきなかなしみをかんじました。のはらくんいてくれてたすかりました。みかさんもやさしくてわかってくれてうれしくおもいました。なかまのかなしみをわかってくれるともだちがいてかなしみもやわらぎましたよいことでした」（二〇〇六年五月十二日）

柴田さんの知らない友だちの名前が書かれていた。柴田さんは、彼女自身が書いていることの証拠になるだろうと思ったのに対し、学校の先生は、そういう名前の生徒はいないと否定した。

私はそのときのことを、柴田さんの通訳で彼女に聞いてみた。答えは、私の予想外のものだった。

「私の心のなかの演技者です。私が作りました」

「のはら」とは、パソコンのソフトにも組み込んでいたアニメの主人公、「クレヨンしんちゃん」こと「野原しんのすけ」のことである。

彼女はクレヨンしんちゃんのどこが好きだったのだろうか。

「私は、クレヨンしんちゃんの絵が好きだったので、クレヨンしんちゃんの顔をした仲間を勝手に心のなかに作っていました。その子はクレヨンしんちゃんとは違ってとてもやさしく、私のためにいろいろ相談に乗ってくれた友だちです。顔がクレヨンしんちゃんと同じだったので、のはらくんと言いましたが、中身はもっと違うのはらくんです。その男の子のおかげで、私はいつもさみしくありませんでした」

では、「みかさん」とは誰のことなのだろうか。

「みかさんは、『あたしンち』というマンガのなかの主人公の名前です。みかさんも同じで、顔が同じだけで、中身は違います。そういう名前を勝手に考えては、私は心のなかに友だちを作って、その名前と顔はマンガから借りたものでした。中身は私が作ったものでした」

主人公の名前「立花みかん」を、彼女は自分のなかで「みかさん」と呼んでいたのだ。

「ただ、キャラクターが好きだという程度にしか考えてこなかったクレヨンしんちゃんが、実は、彼女の悲しみを和らげる友だちだった」ことを知った柴田さんは、そのときの感想を次のように記している。

「気持ちを表すことのできない中で、想像上の友を作り、その友に自分の悲しみを伝えてやわらげているということは、それだけ彼女が孤独な世界を生きているということでもあった。すでに長い関わりを経ていながら私たちはこうしたはるなさんの寂しさにまったく気づくことさえできていなかったということに愕然とした思いがした。その後、こうした想像上の他者を心の中の対話の相手として作り上げている人たちに何人も会うことになった。人は一人では生きてはいけないということを如実に示す事実と言ってもよいのかもしれない」

小さな世界から詩の世界へ

はるなさんに、好きな曲について聞いてみると、ディズニー・ソングの「小さな世界」をあげた。

「小さいとき大好きでした。自分にとって希望の歌でした。自分の気持ちにむずかしいことがあると、よく口ずさんでいました」

彼女は「小さいとき大好き」と言った。それは周囲から、「彼女には言葉など理解できるはずがない」と、当然のように思われていた頃のことだろう。

日本語の歌詞は、「世界中　どこだって　笑いあり　涙あり　みんなそれぞれ助け合う　小さな世界」。はるなさんの小さな胸のなかにも、小さな世界がある。歌詞はさらに、「世界はせまい　世界は同じ　世界はまるい　ただひとつ」と続く。はるなさんの小さな世界は、確かに存在している。

そんなはるなさんの声が先生たちに届いたためか、学校でグループ替えがあり、はるなさんは喜びの文章を綴ることができた。なお、原文はひらがな表記であり、読みやすいよう、漢字かな混じり文にしてある。

「学校へ朝いくのが楽しくなりました。楽しいのはわかる授業になったからです。前から損ばかりしていました。やめてしまいたいと思ったこともあったけれど、もうやめたいとは思いません。たくさん勉強したくなりました。休みたくありません。苦しい朝もあったけれど、毎朝待ちどおしくなりました。ともだちができかけています。おんなともだちすてきですから大切にしていきたいです。残りの学校生活をよいものにしたいです」(二〇〇六年六月九日)

次の文章は、柴田さんたちと一緒にはるなさんたちにかかわってきた女性が結婚し、その写真を見たあとのものだ。

「おめでとうございます。あじと先生の服装はとてもきれいでしたよ。わたしもいつか着てみたいわよ。でもよいひとがあらわれないと無理ですので、その日が来るのを待ち続けてみたいと思います。その日は来なくてもずっと待ち続けていく。たとえよもすがら涙に暮れてしまっても、私は希望を失いたくない。絶対にそんな日が来ることを夢みていこうと思う」(二〇〇六年九月一日)

結婚を夢見る、若い女性らしい感性が感じられる。同時に彼女は、自分自身が置かれた厳しい現実も認めざるを得ない。柴田さんは、はるなさんの文章を、複雑な思いで受け止めていた。

「写真はある意味では残酷なものだったかもしれないが、それを覆い隠すことが何かを生むわけではない。私たちができることは、はるなさん自身が長い時間をかけてみずから答えを導き出していく過程に寄り添うことができるだけである。『たとえよもすがらなみだにくれてしまってもきぼうをうしないたくない』という言葉は、はるなさん自身がみずからを奮い立たせようとして語った決意の言葉だと思われるが、『なみだ』と『きぼう』との振幅はたいへん大きなものがある。その振幅の大きさの中にあるはるなさんの苦悩の深さとそれでも前を見つめ続けようとする意志の強さとをしっかりと受け止める必要を感じた」

自らの小さな世界を育てるはるなさんは、やがて詩を書くようになった。町田養護学校高等部二年のときには、「野に咲く花のように」という詩を作った。柴田さんは、この詩に少し手を加えて自ら曲を付け、歌にしてみた。実は柴田さんは、ギターの腕前もなかなかのものなのである。

野に咲く花のように

野に咲く花のように　私はばてない
無理せず生きていけば　いいこともあるはず
遠くに舞い降りた鳥のように見える
希望に向かって呼んでみよう
願いはただ一つ　たとえ道は遠くても
夢さえなくさずに　いけたらと思う

目の前に続く道は　楽な道ではないけれど
へんてこな私だって　戦い続けていきたい
悩みがあまりに多くて　前が見えなくなっても
私は絶対にあきらめない
野に咲く花のような気高さで
生きていこう　いつまでも　へこたれないで

すてきな歌ができた。その頃、柴田さんは、青年学級のメンバーを中心に、隔年で開いているコンサートで、メインとなるミュージカルの台本作りを担当していた。そこで、「野に咲く花のように」を劇中歌とすることにした。次は、ミュージカルの練習風景を見学したはるなさんの感想である。

「『野に咲く花のように』の歌をみんなが歌ってくれてとてもうれしかったです。すもうの時によく涙を流す場面があるけど、昔から本当なのかと思ってきたけど、本当であることがわかりました。よくできた歌でしたよ。歌いたい、工夫ができたら望んで歌いたいと思います」（二〇〇七年五月十一日）

文中に、「すもう」とあるが、はるなさんは大相撲を見るのが大好きなのだ。
コンサートは二〇〇七年五月十九日、町田市民ホールで開かれ、大成功を収めた。

人間として認めてもらえる喜び

はるなさんは、詩の世界に魅かれていった。詩人、星野富弘さんの作品に出会ったことが大きなきっかけとなり、自分でさらに積極的に詩を作るようになっていった。

「詩はとてもよいものです。それによい気持ちにさせてくれます。知らない世界や知らない人にあわせてくれます。すばらしいのは特に読んでみたいです。願いはもう少し詩の勉強ができるようになることです。勉強をして本当の喜びをつかみたいと思います。本当の喜びをつくれたらうれしい」（二〇〇八年十一月十三日）

詩について、次のようにも書いている。

「詩を作っていると気持ちが落ち着きます。気持ちがしずまります。詩を作っていたのは忍耐して気持ちが沈んでいて生きるのがつらくなるときです。つらいとき逃げ出したくなると詩を作って気持ちをしずめたいと思うのです。ふしぎです。気持ちがそのまま言葉になっていきます。忍耐の意味について考えたことがあります。過ぎたことをくよく思い出すのは悲しいですが強く生きていくためには必要なことです。過ぎたことでもそのことをちゃんと力をいれて希望を忘れずにがんばりたいと思います。ひとみさんにも伝えてください。ちからいっぱい生きていこうと。詩をきいてください」（二〇〇八年十二月十二日）

光といのちの交錯がそよぎ飛びかう

少女はなにかを待っている
知らない世界の願いがかなえられ
すべてが小さなさいわいに
やがて変わっていくことを
そしてきのうの悩みが遠ざかっていく
望みどおりではないとしても
たくさん野辺に咲く野の花はときを知り
ときにあわせて願いを空に祈っている
希望の風がやさしく吹き
ふしぎな叫びが聞こえて
みたこともないようなまっしろな花が
希望の予感を伝えてきた

ここでぜひ、思い返してほしい。この詩を書いた女性は、十四歳まで、言葉がないと言われるほど重度の知的障害があるとされてきたことを。身体障害も重度で、一人では立つこともできない。そんな状態や外見に、医学や教育の専門家でさえ、まどわされてきた。しかし彼女には、誰にも邪魔されない小さな世界があったのだ。もうひとつ、彼女の詩を紹介したい。

北風と私

小さな私に北風が吹く
忍耐してきた私にとって北風は
真実を伝える風です
小さい私を包みこみ
小さい私は小さく笑う
耳を澄ますと聞こえるのは
耳の聞こえない人の願いだ
小さい私は一途に
きのうのさわることのできない夢を追い求める
小さい私は願いを願った人間や
願いを忘れた人間たちに
忍耐のすばらしさを静かに伝える
小さい私は静かに北風の声を聞きながら
ひとり忍耐を続ける

北風は雪とともにやってきて
雪の小さなつぶで人間と小さい私を
ひっそり白い願いにかえる
小さい私は
小さいころの小さな願いを静かにしのびながら
白い耳をつけた白い北の国の鹿に
ひとり願いを託す
ひっそりとしずまりかえった雪と北風のなかで
小さい私は白い雪とともに
希望の北風の音を聞いている
小さい私は
願いの道あふれた空気のなかで
白い雪を見つめながら
にび色の空から落ちてくるひとひらの雪を見ている
凜とした空気のなかで
小さい私は夢と願いに満たされて
人間の幸せを求める

小さい私は静かに人間のひとりとして
静かに夢を見ている
ひとりの私の願いを願いながら
小さな夢をつむぐ　（二〇〇九年一月十六日）

はるなさんは、自身のせつない気持ちを「北風が吹く」と表現した。同時に彼女は北風を「真実を伝える風」とも言う。きびしい現実から目を背けることをしないのだ。

「願ってきました。自分でなんでも決められるようになることを。しかしなかなか願いどおりにはいきません。願いは夢かもしれませんが、地域で生きていくことです。なぜ理解してもらえないのでしょうか。地域で生きていくのは小さいときからの夢でしたから、さいごまでがんばりたいと思います。

自分のきもちを言いたいけれど、小さいときからふつうの子どもとして生きてこられなかったので、くやしいです。よく夢を捨てずにこれたものだと思います。小さいときから飛ばずじまいだったので、早く何かで飛躍したいです。

理想は作家として表現の方法があったらいいと思うのですが、なかなかうまくいきそうにありません。理想はひとりで生きていくことですが、ひとりではむずかしそうなので、仲間といっしょに生きていきたいと思います。小さいときからの願いでした。願いをかなえたいと思います。

自分に夢がある限り、向かって生きていきたいと思います。夢にむかって」（二〇〇九年三月十三日）

二〇〇九年五月二十一日、柴田さんは大学の講義のゲストとして、はるなさんに登壇してもらった。同年代の学生たちを前に、はるなさんは、自らの思いを率直にぶつけた。手にスライドスイッチの取っ手を握り、柴田さんの援助を受けながら、彼女はパソコンで文字を綴っていく。教室正面の大型スクリーンに、一文字一文字、彼女が選択したひらがなによる文章が映し出されていく。車いすに座り、少女のように見える小柄な同世代の女性の言葉に、学生たちの目は、釘付けになっていた。

自分の意見を言いたいと思いますが、ちょっと恥ずかしいです。願いがかなってうれしいです。気持ちが聞いてもらえてうれしいです。人間として認めてもらえてしあわせです。まだ私のことを信じてくれない人もたくさんいますが、私も人間としていろいろ考えています。人間として認められることがまだできていない仲間たちがたくさんいるので、人間として早く認めてもらえる世の中が早く来るといいなと思います。人間として認められる世界が来ればいいなと思います。

みんなは私のことをみてどんな印象をもちましたか。理由はいろいろあるかもしれませんが、理解できている人間と見えたでしょうか。指さされたりしてきましたから慣れてはいますが、人間として見られないこともたくさんあります。ひどいときは、理由もなく笑われる

 こともあります。表現は悪いですが、ひどい人は指さすだけでなく、みんなの前で侮辱する人もいます。指されるだけならいいのですが、指されるだけでなく侮辱されるのはたまりません。人間として認められることが夢でしたので、びっくりしています。

不思議な感じです。みんなの前で話ができるとは思えませんでした。びっくりしただけでなく、みんなと対等に語れることが夢のようです。勇気が出てきました。みんなと話したいです。

このあと、質疑応答が行われた。

学生「画面は見ていないのですか」

はるな「見ていませんが、耳で聞いているのでわかります。いい感じです、気持ちをすらすら書けて」

学生「詩はどういうときに作るのですか」

はるな「一人で小さいときから考えてきました。一人で未来を夢みながら考えて作ってきました。詩を作っていると気持ちがしずまります」

学生「いままでいちばん楽しかったことは何ですか」

はるな「自分の歌をたくさんの人が歌ってくれたときです。びっくりしました。みんなが私のことを認めてくれたので」

学生「好きな言葉は何ですか」
はるな「小さいときから忍耐という言葉をたいせつにしてきました。耐えることが多いからです。いつも耐えてばかりですから」
学生「両親のことをどう思っていますか」
はるな「ありがとうと言いたいです。私を育ててくれた両親に。小さいときから病気がちで迷惑ばかりかけてきましたから。非常に理想的な両親です。ぬいぐるみをたくさん買ってくれたり、小さいときから自分のために、せいいっぱい育ててくれました」

　この章まで、言葉を持っていないと見られていた人たちが、実は豊かな言葉を持っていたという実例を紹介してきた。具体例を引いて、現実を知ってもらうのがまず先だと思ったからだ。次章では、すでに本文に登場している柴田保之さんにスポットをあてたい。彼女たちから言葉を引き出した柴田さんとは、いったいどういう人物なのだろうか。

第四章　置き去りにされた言葉

教えているのではなく、教えられている

柴田保之さんは、もの腰がやわらかで、常に笑顔を忘れず、誰に対しても丁寧な方である。風貌をイメージしていただくため、有名人で誰に似ているかと言えば、このところ渋さを増してきた俳優のあおい輝彦か、松方弘樹の弟の目黒祐樹に雰囲気が似ている。二人を足して二で割り、銀縁メガネをかけて、さらに柔和にしたような印象である。要は、まじめでやさしそう。東大卒の大学教授と聞くと、つい身構えてしまいがちだが、そんな必要のない気さくな人柄である。

一九五八（昭和三十三）年、柴田さんは、大分県佐伯市で、二人兄弟の長男として生まれた。父親は市役所勤務で、母親は子どもたちの学資を稼ぐために生命保険の外交員をしていたという、ごくふつうの家庭である。ほかの子どもたちと違っていたことといえば、柴田さんの学業成績がいつもトップだったことくらいだろうか。

高校生になり、将来の進路を決める時期になると、柴田さんは社会福祉関係の道に進みたいと考えるようになった。その理由は、自らの二度にわたる入院体験だという。

最初は小学校四年生のときだった。友人が遊びで飛ばした木切れが、あやまって柴田さんの左目にあたってしまったのだ。外傷性の網膜剝離となり、地元の病院では手術できないと言われ、京都まで移動して大学病院に緊急入院した。二度目は中学一年生のときのこと。原因は不明とのことだが、次は右目が網膜剝離になり、やはり京都の病院に入院したのだ。視力は裸眼で左が〇・五、右が一・〇にまで回復したが、二回にわたる入院の経験は、少年の胸に強い印象を残した。

「何か意味のあることをしたいと思って、いろいろ考えたときに、やっぱり病院で見てきた経験があったと思うのです。まわりで失明していく人を見ていたのですが、そういう人たちへの支援の仕事があるのだと。あの頃はテレビで障害者関係のドキュメンタリー番組があると、必死で見ていましたね」

大学は東京大学文科三類に進み、教育学部で教育心理学を専攻した。そこで柴田さんの人生に、決定的な影響を与えた人物との出会いがあった。東大で兼任講師として「障害児の心理と教育」という講義を担当していた東京水産大学教授の中島昭美《なかじまあきよし》さんである。柴田さんは中島さんから薫陶を受けたことで、その後の人生の道筋を決めたのである。そこで、中島さんの人となりをやや詳しく紹介してみたい。

中島さんは一九二七年（昭和二年）、現在の東京都文京区に生まれ、一九四五年（昭和二十年）に武蔵野高校から東大文学部心理学科に進んだ。中島さんが一九七五年（昭和五十年）に設立した財団法人（現在は公益財団法人）、重複障害教育研究所発行の冊子『岩魂』に、東大に進んだ経緯について、自身で次のように記している。

旧制の東京帝国大学に、何も勉強せずに入学できたのも、私たちの学年だけが無試験だったからである。戦争が激しくなり、高等学校が2回短縮され、なおかつ大学の入試が中止となって、前年のそれぞれの高等学校の実績により入学できたのである。今、一生懸命勉強をして、なかなか志望する大学に入れない受験生諸君が聞いたら、夢のような話で信じられないと思うが、本当の話である。（中略）そのために、大学の先生なのに、全然語学ができないと驚かれたり、心理学科を卒業したのに心理学を何も知らない、というより、心理学と聞いただけで、気持ちが悪くなって悪寒がくるのに、大学で、今日まで心理学や教育心理学の講義をしてきたのだから、恥ずかしいなどというのは通り越して、無試験入学の後遺症はまさにめちゃくちゃである。（一九九〇年四月発行『岩魂』第四号）

自分を笑うというのはユーモアの基本であるが、嫌みがなく、泰然自若とした印象を受ける。その理由のひとつは、中島さんの恵まれた育ちによるものかもしれない。というのも、中島さんの祖父、中島鋭治《なかじまえいじ》は東京帝国大学名誉教授で、東京をはじめ、名古屋、仙台など、各地の水道敷設工事を指揮し、日本の「近代水道の父」と呼ばれたという。その祖父から中島さんが受け継いだ遺産は相当なものだったらしい。中島さんは定年で大学を辞めるときのことを、「退職金や年金に関して、担当の事務官から、『まあ、先生は興味がないでしょうけれど。……』という前置きから話が始められる」と書いている。

そんな中島さんだからだろうか、同じ号の記事で、社会の「常識」に対する批判を述べている。

どうも私は、世の中の常識というものに強い抵抗を感じる。常識ほど常識はずれなものはない。私は常識はずれなので、極めて常識的であると自分に言い聞かせて、これからの残り少ない人生をヤセガマンをしながら生きていきたいと思う。ともかく世間の人々は、親が聞いたら何と思うかというようなことを平気で言ったり、したりする。それが、一般の人々ばかりでなく、障害者と関わりをもつ人々のなかにも大勢いる。そんな連中に、どちらが常識はずれか、何とか言い聞かせたい。

文中の「親が聞いたら何と思うか」という部分の「親」は、障害のある子どもたちの親ということである。世間は当事者の気持ちをまったく理解していないということだ。

中島さんは、ヘレン・ケラーとアニー・サリバン先生との関係を例にとり、サリバン先生がヘレン・ケラーを人間の道に導いたとする「常識」に疑問を呈する。

僕はヘレン・ケラーのすばらしさというものにサリバンがものすごく教えられたんだと思

う。だから、サリバンというのはヘレン・ケラーがなかったら今日のサリバンはなかったんじゃないか。ヘレン・ケラーの方は別にサリバンがいなくてもほかにルスバン（留守番）だとかフロバン（風呂番）だとか、そういう人がいれば十分に恵まれた天与の才能を発揮してすばらしい人間になったんだから。

そのうえで、中島さんは教育の本質に斬り込む。

だいたいにおいて教育していると思っている人は教わっているんだと、そういうふうに思ったらまちがいがないんじゃないか。例えば、親が子供を育てている。私は子供を庇護のもとにこういうふうに立派にしました。そんなこと絶対にないですよ。子供のためにどのくらい親が助けられているか。救われているか。本当に何一つ教えていないですよ。そのかわりたくさん教わっていますよ。学校の先生もそうです。この子は障害児だとか、この子はこういう問題行動があるとか、この子はこういう癖があるとか、こういうふうに集中心がないとか、ペロッとおっしゃるけど、問題を持っているのは先生です。集中心のないのは先生ですよ。いいかげんな思いつきばかりやっているのは先生の方ですよ。いや笑いごとじゃないですよ。本当のこと言っているんです。

中島さんは、障害のある子どもたちを教えるのではなく、逆に、彼らから私たちが教えてもらうのだと説く。

障害の重い子供は、一般的に、噛んだり、飲み込んだりすることができない。そこで、すぐ、どうしたら上手に噛んだり、飲み込んだりできるようになるかということを考える。How to式で、子供の発達を促す指導法を開発しようとする。しかし、子供に学ぶことなくして、いかなることをも教えることはできない。噛んだり、飲み込んだりすることができないのは、いけないこと、何とか教えて、なおさなければならないという考えは、一方的で、単なる対症療法の開発や、無意味な焦りや、いらだちへとつながりやすい。(中略)やがては、あまりに進歩しない子供の状態に、やけになって、世話することに専念し、疲れ果てて、この子は駄目だと思いこんでしまう。噛まないからといって、下顎をギュウギュウ押しても、子供にとっては、何が何だかわけがわからない。そして、子供の本当に自然なゆったりとした姿が、全く見えなくなってしまう。

彼は、子どもたちの外見と、真実の姿が必ずしも一致するわけではないと説く。外なる自分と内なる自分がいる。第一章で紹介した大野剛資さんが言うように、「二層の自分」があると言っているのである。そのうえで、中島さんは障害のある人たちの本質を説く。

子供としては、受け身になること、じっとして体を動かさないこと、感覚を使わないこと、そして、やがて機械のようになることを皮肉にも教えられている。というよりは、強いられているのである。しかし、ここに、人間のしたたかさが現われる。どっこい俺は生きているという素晴らしい輝きが見えてくる。つまり、強制的に受け身にされたため、一見、何もわからない、何もできないように装いながら、実は、そのために、我々が到底味わうことのできない人生の奥の深さに到達し、明鏡止水の心境となるのである。全く力まないで、外界を乱すことなく、静かに、ゆったりとした変化を鑑賞する魂の塊となることが可能となる。私たちは、障害の重い子供から、本当の意味での日常生活の感じ方、考え方、暮らし方、生き方を学んで、日常生活を根本から見直し、人間行動の成り立ちの組み立てを根本からやり直さなければならない。何のために、噛むのか、飲み込むのか、どうすれば、噛んだり、飲み込んだりできるのか、ということは、障害の重い子供から学ぶことによって、新しく考え、組み立てることが可能となる。

外界がわかるという喜び

この文章を読みながら、私は第二章で紹介した八巻緩名さんや、三章で紹介した三瓶はるなさんのことを思い起こした。彼女たちは周囲から「この子は何もできない、何もわかっていない」

と思われながら、自暴自棄となることなく、自分自身を見失わずにいたのである。
中島さんは、障害のある子どもが何かの行動をおこそうとしたとき、そのタイミングをとらえることが大切だと説く。

私たちが、この子は未発達だから、外界の働きかけに、無反応、無関心、無表情なのだと決めつけないで、そのような、受け身で、機械的な反応や能面のような表情は、単なる装いであり、実は、その子は、素晴らしい感受性の持ち主なのだと気づいた時、そして、もし、私たちの働きかけが、よく考え、よく工夫され、その子にとって適切なものであれば、必ず、その子供は反応し、生き生きと目を輝かせ、笑うのだということを確信した時、私たちの障害の重い子供に対する見方が、根本的に間違っており、指導法が悪かったのだと、素直に考え直すことができる。そして、私たち自身の日常生活や根本的な基本動作（例えば、噛む、飲み込む。目で追い、見分ける。手を伸ばしてつかむ。立って歩く。など）の成り立ちの根源と、その組み立ての筋道が、ほのぼのと見えてくる。（一九九〇年一〇月発行『岩魂』第五号）

中島さんは障害のある人たちの側に立つ思考を徹底した。固定的な観念にとらわれずに、相手の意図を察することの重要性である。私がそれをわかりやすく言い換えるとすれば、「互いの心を通わせる」ということだろう。

ある人は、障害の重い子供を三無主義だと言う。無反応、無表情、無関心の三無主義だとのことである。こんな頭にくる言い分はない。確かに、反応が乏しいし、表情の変化がほとんど無いし、外界の事物や人の働きかけに関心を示さない。同じ年頃の子供たちと比べてみれば明らかで、一般的、常識的なわかりやすい言い分なのである。しかし、そんなことを得々と言っている人に、わからずやと怒鳴りつけたい。誰だって、必要も無いのに反応しないし、おかしくも面白くもないのに笑わないし、興味の無いものには関心を示さない。確かに、普通の子供と比べたら、少ないとか乏しいとかはあるが、しかし、全く反応や表情や関心が無いわけではない。それどころか、驚くほど表情豊かであり、外界の刺激に正確に反応しており、関心もまた緻密で奥が深いのである。障害の重い子供たちと関わりをもっている私たちが、なぜそんなことに気づかないのか。なぜ何もわからない、何もできない子供だと決めつけてしまうのであろうか。私たちの子供に対する見方と、子供の行動の組み立て方とがあまりにかけ離れているので、いつもすれ違いばかりしているのではなかろうか。どんな子供でも、その子供なりに外界を受け止め、自分で意図的に運動を組み立て、人と接し、日常を暮らしているというごく当たり前のことを、障害の重い子供も同じようにしているという大事なことに気づいていない。（一九九一年三月発行『岩魂』第六号）

文中の「誰だって、必要も無いのに反応しないし、おかしくも面白くもないのに笑わないし、興味の無いものには関心を示さない」という部分は、さもありなんである。「先生」と呼ばれる学校の教師や医師たちは、子どもたちを常にテストしたがる。テストに正しく答えることで喜ぶ子どもならそれでいいのだが、重い障害のある子どもたちは、それどころではないはずだ。だから「先生」たちはお手軽に子どもたちを試すのではなく、彼らを注意深く観察することが大切なのだ。

障害の重い子供の行動は、とかく偶然のように見えて、実は偶然のように装っていることが多い。したがって、私たちは、ちょっとした反応や新しい行動の組み立てによる小さな変化を見過ごしてしまったり、そのもっている意味を深く考えようとしない。だから、子供が何のためにそんなことをするのか、あるいはなぜしないのか、根本的な理由がわからない。(中略)私たちは、一見遠まわりしているように見えても、人間行動に一番大切なものを見つけだして、間接的に、緻密に組み立てていくことが大切であり、そのことが、障害の重い子供の行動を本当に理解しうる唯一の道なのである。(『岩魂』第六号)

中島さんは、その実践に一生を捧げた。

私たちは、たとえ遠まわりしても、自分の常識とあまりにかけ離れていても、子供が体の部分をどんなふうに使っているか、何を感じ、何を考え、何をしようとしているのかを、いつも新しく考え直さなければならない。背中が大事だとか、体の前の中心が口だとか、手足や目は初めはどんなふうに使うか、ほんの少し理解しただけでも障害の重い子供の行動が実に深い意味をもっていることに気づく。（中略）そのために、障害の重い子供たちと遠まわりして輝きに出合うことが一番大切なことである。輝きに感動して心と心とが触れ合ったとき、初めて私たちは障害の重い子供と出会い、人間の本当の姿、その根本的な一番大切なものを明らかにしうるのである。（『岩魂』第六号）

中島さんはなかなか破天荒な先生だったようだ。長文の引用となったのは、そんな中島さんの思想と人柄に私も惹かれたからだ。中島さんが設立した文京区の重複障害研究所に東大の大学院生となった柴田さんが通い始めると、さっそく中島さんの目にとまった。

「君、毎週来ているけど、何か問題を抱えているのかい？」

柴田さんが、教えを請いたい旨を話すと、障害のある子どもたちの通園施設に毎週通うことがすぐ決まった。中島さんは現場主義であり、当事者の声を最も大切にしたからだ。柴田さんはさらに、そのうちの一人で、小頭症と診断されている寝たきりの重度障害の子どもを定期的に家庭訪問することにもなった。柴田さんは、その子どもをテーマに修士論文を書くことになる。柴田さんに、中島さんに関する記憶に残るエピソードを尋ねてみた。

「なぜ子どもたちがこんなにがんばるかについての中島先生の説明は、『外界がわかる喜び』というものでした。当時の心理学だと、例えば鈴をとったのなら、鈴がほしいからだという説明になるのです。しかし、中島先生によれば、『それは、どうやったら鈴がとれるかということがわかるからおもしろいのだ』という説明になるんです。小さなことなんですけど、そのことがすごく人間的で、当時は言葉もないと思っていた、きわめて重度の子に、外界がわかる喜びがあり、普段は何もできない子が、いきいきとそういう活動をするということを、修士のときに実感できた。言葉はなくても、わかるということに対して、人間はすごいものがあるのだなということを実感させられました」

中島さんは重複障害研究所の研究紀要『人間行動の成り立ち——重複障害教育の基本的立場から——』で、「人間行動の原動力となる二つの基本的な喜び」をあげている。ひとつは「外界を知り、理解し、構成する喜び」である。もうひとつは「人と接し、純粋な人間関係が成立する喜び」であるという。

「何もわからないようにみえる子供ほど、実は周囲の刺激の変化に敏感」であり、「その子が外界を見、聴き、触れて『ほほえむ』瞬間を大切にし、それに基づいて学習法をくふうし、その学習の段階を通して、『ほほえみ』から『ニッコリ笑う』ことへ、更に外界を積極的に受容し、一呼吸おいて、おもむろに運動を自発する人間行動の基礎づくりへと進まなければならない」とも説明している。

　さらに教育の目的について、次のように書いている。

「一般的にいって、教育は不可能なことを可能にすることではない。その子が何気なくならできることを、意図的にできるようにすることである」

「子供達のもつ、くふうする力、考える力の芽生えを大事にし、そこから教師がくふうし、考えてこそ本当の教育といえる」

「まず考えなければならない問題は、感覚を使ってその子なりに運動を自発していく学習法のくふうである。そのために、その子の現に示している感覚の使い方、運動のしかたをよく観察し、それを高めるためにはどうするかということである」

　重い障害がある子どもほど、実は感受性に優れていることを、中島さんは知っていた。それは「人間的」ということであり、だからこそ中島さんは障害のある子どもたちに惹かれたのであろう。

　柴田さんは、中島さんの教育論に大いに刺激を受け、共感した。柴田さんは大学院を出ると、國學院大學で教育心理学担当の専任講師に採用された。研究者として、さらに実践家として、重い障害のある人たちに対する理解に情熱を傾けていった。

　障害のある子どもたちの力を引き出すために、柴田さんはどのような方法をとったのだろうか。

「重度の子どもたちは手を伸ばすのにも苦労しているのですが、手を伸ばすことだけ訓練して手が伸びるかというとそうはいかない。手を伸ばすのにふさわしい環境がなければ手は伸びない。

それをひとつのわかりやすい外界として提示しなければならない。

いったんそれが、行動として表現されると、それをまた工夫していけば、行動は変化する。そこで細かな変化が起こってくる。それがその子にとって、納得のいく行動であれば、さらにがんばるという、よい循環ができてくる。何かが提示されれば、見えなかった力が見えてくる」

できないことをできるようにするということではない。いま、その子どもがまずできることをさせることで、その子どもの力を引き出してゆく。その繰り返しである。こう言うと「それはそうだろう」と言われるかもしれないが、最重度の障害がある子どもたちを前に、「できること」を見出す困難さは、体験したことがない人にはわからないだろう。そのためのトレーニングを積んだ柴田さんでさえ、緩名さんが言葉を持っているという事実を、すぐに引き出すというわけにはいかなかったのだから。

IQ検査の約束事

今回の取材を通じて私は、知的障害を含む重度重複障害があると診断されている多くの人たちに出会った。彼らと直接の対話を重ねたり、書き綴られた文章を読んだりするうちに、さまざまな体験を重ね、深い考えを持っている人たちを果たして、知的障害などと呼んでいいものだろうかと、私は思うようになった。知的障害とはいったい何なのだろう？　柴田さんに考えを聞いてみた。

「昔は発達の遅れということで説明がつくと思っていました。いまは、知的障害と言われているけれど、それは単に身体が動かないからであり、知的障害がないと理解したほうがいい人たちの一群が、まず、います。例えば、数の問題など、まったく苦労しないで認識できる人たちは、いわゆる知的障害がないと思います」

知的障害と診断されながら、知的障害がないとはどういうことだろうか。現在、知的障害があるかどうかは、発達診断や知能指数のテストなどによって判断される。

その知能検査には、大きく言って、ビネー式とウェクスラー式というふたつの検査方法がある。このうちビネー式は、フランスの心理学者アルフレッド・ビネーによって、世界ではじめて開発された知能検査である。これはフランスで義務教育が制度化されたのに伴い、授業についていけない子どもたちの存在が問題となり、発達が遅れている子どもたちを見つけ出して別のクラスに移すための手段として、パリ市の教育委員会がビネーに依頼したものだ。さらにビネーは、弟子の医師、テオドール・シモンと協力して検査方法を改良し、年齢ごとに知能の水準がどの程度かを測定するビネー・シモン式検査法に発展させたのである。

このビネー式では「精神年齢」という概念が基本に据えられている。精神年齢をどのように設定するかというと、同じ教育文化圏に属する同一の年齢の子どもたちに、ある問題を解かせてみて、半数から四分の三の子どもたちが正しく解答できた問題を、その年齢の知能水準を示す問題とする。検査の内容は年齢にあわせて難易度を増し、正しく解けた問題のうちで最もむずかしい問題が示す精神年齢が、その子どもの精神年齢となるのである。

この精神年齢に関連して、ＩＱ（Intelligence Quotient）という概念が広く知られている。これはドイツの心理学者、ヴィルヘルム・シュテルンが考案したもので、標準的な発達水準に対する相対的な位置付けを意味する数値である。算出方法は、精神年齢を生活年齢で割り、百をかける。この場合、百が中央値となり、百に近いほど出現率が高くなる。

もうひとつの知能検査であるウェクスラー式は、アメリカのニューヨーク大学附属ベルビュー病院主任心理学者であったディヴィッド・ウェクスラーにより開発された方式である。最初に開発されたビネー式は、そもそも子どもの学校適性を見るために開発された経緯からもわかるように、大人には適していない部分がある。このためウェクスラーは、成人向けの検査を開発した。その方法は、言語を用いた知能検査・ＶＩＱ（Verbal IQ）と、言語を用いない動作性検査・ＰＩＱ（Performance IQ）に分かれている。さらに精神年齢と生活年齢の度合いを示すＩＱでは不十分と感じたウェクスラーは、ＤＩＱ（Deviation IQ）＝「偏差知能指数」「偏差値ＩＱ」を指標とすることにした。子どもの場合であれば、精神年齢は右肩方向に上がっていくが、成人の場合はそうはならない。そこで、同じ年齢集団のなかでの位置を基準とすることにしたのである。その後、ウェクスラーは児童向けの知能検査法も開発している。

日本では心理学者の鈴木治太郎が一九三〇年（昭和五年）にビネー式の日本版として「実際的個別的智能測定法」を発表し、「鈴木ビネー知能検査」として知られる。

さらに心理学者の田中寛一は一九四七年（昭和二十二年）にビネー式を応用して「田中ビネー式」を発表し、その後、たびたび改訂されながら現在も使われている。最新の田中ビネー式では、生活年齢十四歳以上の人には精神年齢を算出せず、ＤＩＱを採用している。

日常の用語では「あの人はＩＱが高い」などと、ＩＱイコール知性という意味で用いられているが、医療や福祉の現場では、最近ではＤＩＱやＩＳＳという指標が使われることが多くなっている。このうちＩＳＳ（Intelligence Standard Score）は「知能偏差値」と呼ばれ、知能テストの結果を偏差値で表したものである。

また広義のＩＱでは、ＤＩＱを含んで言う場合があり、最近のＩＱはそう理解したほうがよい場合が多い。

一般的にＩＱ八十五以上を正常知能とし、医学上の診断基準ではＩＱ六十九から五十を軽度の知的障害、四十九から三十五は中度知的障害、三十四から二十は重度知的障害、十九以下は最重度の知的障害とされる。ＩＱ八十四から七十は、「正常」と「知的障害」の間の境界線という意味で、境界知能と呼ばれる。また知的障害のある人たちのための療育手帳発行の判定基準として、多くの自治体ではＩＱ七十五以下で手帳を交付している。

さらに、ＤＱ（Developmental Quotient）＝「発達指数」と呼ばれる指標もある。これは発達検査の結果、得られた発達年齢と生活年齢とを比較するもので、ＩＱと同じく、標準の指数は百である。

しかし、ＩＱにせよ、ＤＱにせよ、試験の内容を理解し、正しい答えを導いていたとしても、それを表明したり、記入したりする手段がなければ、実年齢よりも大幅に低い知能指数や発達指数とされてしまうのだ。あるいは、自分なりの考えを表明しても、「正しい答え」に合致しなければ、「知能」は認められない。

特別支援学校教諭で作家でもある山元加津子さんが、ＩＱに関連して次のような文章を書いている。

　ＩＱの測定は田中ビネーという方法を使うのですが、たとえば、中にこんな問題があります。『耳は聞く。では目は？』というのです。

　大ちゃんは『だいじょうぶ』と答えました。大ちゃんは耳は聞くということを知っているし、目は見るということを知っています。でもどうして私がこんなことを聞くのだろう。きっと心配して『目は？』と聞いたんだろうと思って、『だいじょうぶ（見えるよ）』と言ったのだと思います。

　でもこの答えでは〇はもらえません。×です。テストを判定するときのきまりなのです。これでは目は見るということを知らない人も、知っていて『だいじょうぶ』と、見るよりもっと素晴らしい答えだと思われるような答えをだした人も、×なのです。

　他の問題も、似たりよったりで、もうテストを続けるのが嫌になってしまいました。でも中学校一年生でする規則だったので、同僚の先生が、ぶつぶつ文句を言う私にかわって続けてくれました。

だからＩＱなんてあてにならないと思うし、『ＩＱいくつ？』という質問は、『どの歯が虫歯なの？』と同じくらいその人を知る上でくだらないなどと、いじわるな私は思ってしまうのです。テストの結果出されたＩＱ30とか50とかいう数字を見て、ああ大ちゃんはこんな子かと聞いた人はわかるのでしょうか。それより、大ちゃんはむつかしい漢字が読めるとか、犬が嫌いとか、すこし太っているとか、とてもやさしいとか、計算や人と話すのが苦手だとか、すてきな詩をつくるとか、そんな個性のほうが大ちゃんのことをずっとよく表していると思います。（山元加津子著『たんぽぽの仲間たち』より）

「ぼくは知的障害ではない」

大ちゃんとして紹介されている原田大助さんは、山元さんの養護学校での教え子であり、詩集も出版している詩人である。

次の詩は、春の遠足にでかけたとき、いつも遅れてしまう大ちゃんを「さっさと歩かなきゃだめなんだよ」と山元さんが注意した翌日、作った詩だという。

「遠い道でもな　大丈夫や　一歩ずつや
とちゅうに　花もさいているし　とりもなくし　わらびかてとれるやろ」

こうした詩を発表すると、「僕らでも作れんような詩、なんで養護学校の子が作れるんや。大人が作ったか、手伝ったにきまっとる」などと中傷する人が必ずいるという。それを聞かされた大ちゃんは次のように言ったという。

「朝顔のたねは、黒いけど　青い花がさく、赤い花が咲く。だからぼくは詩を作る」

こうした経験を踏まえて山元さんは、「大ちゃんをたとえば『知的障害がある』とか『精神薄弱』などのひと言で表すことがどんなにおかしなことかがわかります」と書いている。

大ちゃんは詩を作ることで自分を表現できた。では、詩などで他人から評価されない人は「知的障害」と言われてもやむを得ないかと言うと、そんなことはないだろう。他人の評価と本人の能力は、別物だからである。

ちなみに知的障害の定義は、法律ではどうなっているだろうか。「知的障害者福祉法」には、その対象となる障害の定義が記されていない。こうした法律では、条文の最初に対象者の定義が述べられているものだが、不思議なことに、知的障害者とは何者であるかについて、まったく触れられていないのだ。これに対して、身体障害であれば、「身体障害者福祉法」を見ると、その対象となる障害は、「視覚障害」「聴覚障害・平衡機能障害」「音声・言語障害」「肢体不自由」「心臓・腎臓・呼吸器・膀胱・大腸・小腸・免疫等の内部障害」の五種類とされている。きわめて具体的である。その差は一目瞭然だ。

次に、厚生労働省が五年ごとに実施している「知的障害児（者）基礎調査」における定義を見てみると、「知的障害」とは、「知的機能の障害が発達期（おおむね十八歳まで）にあらわれ、日常生活に支障が生じているため、何らかの特別の援助を必要とする状態にあるもの」とされている。続けて「知的障害であるかどうかの判断基準」は、「知能指数がおおむね七十まで」、さらに自立機能、運動機能、意思交換、探索操作、移動、生活文化、職業等の「日常生活能力」について総合的に勘案して、支障が生じていることがあげられている。

知的障害は、以前は「精神薄弱」とされていたが、「精神」という人間にとってきわめて重要な要素が欠けるとしたこの言葉は、人格の否定につながりかねないとして、二〇〇〇年（平成十二年）までに改められた経緯がある。一方、医学用語としては「精神遅滞」、「精神発達遅滞」と呼ばれている。一般には「知恵遅れ」とも呼ばれている。このように、ひとつの状態に対して用語がいくつもあるということは、一定の見解が成立していないという状況を示すものだ。

結局、「知的障害」に起因する行為の結果、社会生活が困難になったり不利益が生じるという現象はあるのだが、それがなぜ、どのような原因で生まれてくるのかが、明らかになっていない。しかもIQテストは、実施時期によって数値が十程度変動することはざらである。突き詰めていくとかなりあやふやなのだ。それでは知的障害とは、いったいどういう障害だと理解すればよいのだろうか。

まず、先述の、「知的障害」と言われているが、しかし本当は、知的障害がないと理解したほうがよい人たちのグループがある。簡単に言えば、意思表示するための言葉や身振り、手振りなどの手段がないため、ＩＱテストでもほとんど解答できず、その結果として、重度の知的障害があると判断されてしまう人たちである。

念のために言っておきたいが、「本当は知的障害がないのなら、愛の手帳など療育手帳は、本来は不交付とすべきだ」ということにはならない。なぜならこうした手帳は、障害のために被っている社会的な不便や不利益を少しでも軽減するのが目的であり、本当は知的障害がないといっても、本人や家族、介助者の不便が変わらない場合は、社会的な施策が当然のことながら必要だからである。

そのうえで、それでも「知的障害がある」と言われる人たちは存在するだろう。その人びとについて、國學院大學の柴田さんは次のように定義する。

「目の前にあるものを取り入れて、頭の中ですぐ整理して、いま反応しなければいけないというとき、頭のなかに、いくつかのハンディがあるために、取り入れた情報のまとめあげがむずかしいという状態がおこっているのが知的障害だという説明が可能なんじゃないかなと思っています」

それを計算にたとえて、次のように説明してくれた。

「たとえば、頭のなかだけで普通に計算できる範囲って限られていますよね。二桁かける一桁なら、なんとかなりますが、それ以上は、考え方はわかっていても、電卓を使わないとできない。ということは、頭のなかの働きを紙と鉛筆や機械で拡張することによって、頭のなかだけではできないことができるようになる。人間の能力って、そういうふうに、道具を使って広がっていくところがあるのがわれわれならば、知的障害があるとされる人は、早めに紙と鉛筆が必要となってしまう。そういう表面的な部分での知的なハンディがあるかもしれない」

そのうえで柴田さんは、それはいわゆる健常な人との本質的な違いだとは考えてはいない。

「ちょっと奥底に行くと、われわれと同じようなものですね。ものを感じるとか、一人でものを考えるというときには、あまりそうハンディは出てこないんじゃないかな。人生とは何なのかとか考えるうえでは、ほとんどハンディはない。いや、まったくないだろうという感じですね」

柴田さんの考えは、ＩＱ批判にもつながるものだ。

「計算に関するあなたの能力の検査をしますって言ったら、一応のデータは出る。まったく紙と鉛筆を使わないで、この人はどこまでできるのか、いったんは能力で並べられる。これは昔からやられてきた。でもそれは、実はかなり表層の出来事を測っているだけなのです。それにもかかわらず、いままでは、『一たす一は二』しかできない子どもは四歳レベルで、四歳レベルという と思考も幼いという風になっていた。しかし、もしふさわしい道具があれば、けっこうできるかもしれない。仮にできなくても、人間の持っている大きな能力から見たら、それは表面的なハンディにすぎないのではないかと思っているんです」

別の言い方をすれば、「知的障害」と、「人間性」や「人格」は別物ということだろう。知的障害のレベルを示す知能指数における「知能」と、人間としての内面の豊かさを示す「知性」は別というふうにも言えるのではないだろうか。

知的障害について、柴田さんが主催するきんこんの会でも話題になったことがある。知的障害があるとされている参加者が、柴田さんの通訳で、次のように発言した。

「知的障害の意味が、『子どものような段階』というのは大間違いだと思います。ぼくもずっとそう言われてきたので、知的に遅れているという言い方で、何度、傷ついてきたことかわかりません。心は年齢とともに成長しているのに、言葉はしゃべる働きが成長していかないので、ぼくの知的な機能に問題があるのだとは思っていました。この『知的な』というのは、言いたくても言えないという、頭のなかのプロセスという意味です。

知的障害とは何なのかというのが、これからのきっと大きな課題となるのではないでしょうか。ぼくたちは身体が動かないだけでなく、勝手に身体が動いたり、勝手に言葉が出たりするので、知的障害の意味は自分なりにはわかっていたので、いまのは自分の実感に基づいた話です。幸いぼくはしゃべれるようになったので、こんなふうに言えるようになりましたが、同じ状況でしゃべれないどころか、相変わらず児童の扱いをされている人がいっぱいいるので、なんとかならないかなと思っています」

千分の四の人たちが負うハンディ

知的障害は、人間性や社会性とは別物だということだ。問題を逆に考えてみると、知的障害がなくても、人間性や社会性に疑問符の付く人はいくらでもいる。知的障害があるからといって、人間性や社会性に問題があるということにはならないはずである。

そんな考えに傾いていった柴田さんは、さらにたくさんの人たちに会ってみようと、知人の紹介を受けて、大学院の試験が終わった一九八一年（昭和五十六年）二月、東京都町田市の青年学級を訪れた。

ここで簡単に青年学級について説明しておくと、戦後の荒廃した社会のなかで勤労青年に学習の機会を提供しようと、一九五三年（昭和二十八年）に青年学級振興法が施行されたのに伴い、各市区町村単位で社会教育の講座が開設されたのが始まりである。やがて年代が下がって青年学級に対するニーズが減ったため、一九九九年（平成十一年）に青年学級振興法は廃止された。しかし、障害のある青年たちにとって青年学級は重要な交流の場となっており、法律が廃止された後も、現在に至るまで、障害のある若者の講座として存続している自治体も多く、このうち町田市では、特に知的障害のある人たちが互いに学び合う場として、青年学級が続けられている。それは知的障害のある若者たちの親から出された、「非行から子どもたちを守り、就労が継続されるために、学校卒業後も安心して集まることのできる場がほしい」という要望を受けてのものだった。

ここで知的障害に関する具体的なデータをあげてみよう。二〇一二年（平成二十四年）版の障害者白書によれば、知的障害のある人は全国で五十四万七千人と推計されている。総人口に対する割合は〇・四三パーセント、千人に四人の割合だ。五年前の調査と比べて、約八万八千人も増え、増加傾向にある。

しかしほかの先進国のデータを見ると、その割合は日本よりひと桁多いのである。各種の資料を参照してみると、イギリスでは二～二・五パーセント、アメリカでは二・四～二・九パーセントとされている。この違いをどうみたらよいのだろうか。

ひとつは、知的障害の定義である。WHOの定義によれば「障害」とは、生物学的レベルの「機能障害」、それに伴う個人レベルの「能力障害」、さらに社会レベルの「社会的不利」という三つの次元で構造的に捉えるべきものとされているが、日本では「日常生活に支障がでる」という個人的な機能障害と能力障害で判断されることが多い。これに対して欧米では、「社会参加に支障がでる」という社会的不利を含めた「障害」である。

第二に、過去には知的障害について差別的な用語で蔑視されてきた歴史があり、いまもその風潮は残念ながら残っている。このため比較的軽度の人は、社会からの偏見を恐れて療育手帳の申請をしないケースも見られる。つまり日本の統計にあがっている知的障害のある人の人数は、療育手帳の所持者であり、実態はもっと多いと考えられるのだ。そして知的障害が軽度だから、生きにくさが軽いかというとそうではない。むしろ軽度の人のほうが、悪意のある人たちの餌食になりやすいと言えるだろう。

元国会議員の山本譲司氏が自らの服役体験を踏まえて書いた著書『累犯障害者』で指摘したように、知的な障害のある人たちがおかれた社会的状況は、きわめて厳しいものがある。法務省の

「矯正統計年報」によれば、二〇〇四年度の新受刑者のうち、知能指数六十九以下の知的障害がある人が二十二パーセントにのぼり、「測定不能」とされた人数を加えると、新受刑者の三割弱が知的障害のある人たちだというのだ。これを二〇一一年（平成二十三年）のデータで見ても、知能指数六十九以下の人はまったく同じ二十二パーセントで、横ばいである。このうち知能指数が四十九以下で中度以上の知的障害とされた人は毎年千人前後にのぼっている。

彼らに犯罪傾向が強いというのではない。知的障害があり、中学校の特殊学級や養護学校、いまの特別支援学校を出たあと、社会の底辺の仕事に就く人たちは、一歩間違うと、すぐ犯罪に巻き込まれる。簡単にだまされて、詐欺などの被害にあいやすい。だましとられたお金を実力で取り返すと、それはすでに犯罪である。職場や施設で暴力を受けたりして、社会のなかで孤立する可能性も高い。そんな彼らが集える場として、青年学級は機能してきたのである。

柴田さんはそこで、カルチャーショックを受けた。

「若者たちの目がきらきら輝いていたのと、自分が考えていた知的障害者像が、ガーンと崩され、のめりこみました。それまで、やはり保護してあげる対象としてしか見ていなかった。しかし、会の司会をしているのが当事者であり、それを堂々とやっている。自分が考えていたことと全然違う世界がここにはあるんだなと感じました」

その頃の町田の青年学級には、公民館職員二人のほかに、大学生のスタッフが二十人ほど参加していた。彼らは無給のボランティアではなく、毎月、市から一定の金額が担当者謝礼として支給されていた。その分、求められるものは厳しかったという。

「月に四回のスタッフ会議と、月に二回の活動を、少々の理由では絶対、休ませてくれませんでした。『親友の結婚式と、彼らとどっちが大事か』と、公民館の担当者から問われて、結婚式への出席をあきらめた人もいます。いまじゃ考えられないですよ。『あなたの親友なら、それくらいはちゃんと話せばわかる』って。よく、みんな泣いてました」

スタッフになったからには、それだけの責任を持つということだ。現在はスタッフも増え、第三章の冒頭で紹介したように、様々な活動が自主的に展開されているのである。

通訳たちの迷い

國學院大學たまプラーザキャンパスでは二〇一〇年から、二か月に一回程度の割合で、柴田さんの主催する「言葉の表出に困難を持つ当事者の会」が開かれている。通称を「きんこんの会」という。

現在の会員は約二十人。第一章で紹介した大野剛資さんや里見英則さん、第三章で紹介した三瓶はるなさんもメンバーだ。

彼らは重度の障害のため、言葉を話すことが困難で、沈黙の日々を生きることを強いられてきた。先天性の障害や、幼いときに発症した病に伴う障害のため、親ですら、我が子には言葉がないのだと思いこんでいたケースが多い。そんな彼らに言葉を与えたのが、柴田さんだった。

柴田さんは、きんこんの会ではパソコンによる文字入力によらず、自身では「あかさたな話法」、または「あかさたなスキャン」と呼んでいる方法で、スピード重視の通訳を行う。まず、柴田さんが「あかさたな……」とつぶやき、通訳の対象である当事者が身体の動く部分を使って柴田さんに、ひらがなの五十音の文字の行を指示する。次に柴田さんはあ行だったら「あいうえお」、か行だったら「かきくけこ」と列の言葉をつぶやく。柴田さんが当事者の合図を受け取ると、その文字を確定する。その繰り返しで、言葉を紡いでゆくのだ。この仕組み自体は、第二章で紹介したパソコンの2スイッチワープロとまったく同じだ。スイッチの部分が、「あかさたな話法」では、自らの身体をぴくっと動かす当事者の動作となるのである。動く部分は手のひらだったり、手首だったり、腕だったり、肩だったりと、人によって様々である。女性の場合は、知らない男性に手や手首を触られると嫌がられる場合があるため、肩や腕に軽く触って声をかけると、反応してくれることが多いという。

柴田さんの場合、数多くの人たちの通訳をしてきた経験もあって、普通の会話に近い速さで通訳をしてゆく。これはパソコンを使って文字を入力していくときと比べて、格段に速い。

なぜ速いかと言うと、第一に、物理的にパソコン画面のカーソルをカチャカチャと動かしていくのは、長文になってくると、けっこうな時間がかかるのだ。それが口頭だと、さくっと移動してしまえる。第二にパソコン入力だと、すべての文字を一文字ずつ、はっきり確定させていくのだが、「あかさたな話法」では、介助者が最初の数文字を聞くと、そのあとに出てくる言葉を予想して口頭で示し、当事者の了解が得られれば、次に進むのである。これは携帯電話で文章を入力するときの「予測変換」の作業に似ている。

「どの順番でどの単語が出てくるのか、同じ意味の内容でも、どっちが先に出てくるのか、助詞はどれを使うのか、それを刻一刻、次の予想を変えていくんです。本当に相手に寄り添っていると、人間の言葉って、予測がすごくたつものだと感じます」

しかし、すべての人を通訳できるわけではないという。例えば、ボードに表示された絵や文字を視線で追って表現する人や、わずかに片言くらいならしゃべることができる人など、すでに自分自身の方法に慣れてしまった人は、柴田さんが「あかさたな話法」を行おうとすると、ふたつのコミュニケーションツールが混線して言葉がうまく拾えないことがあるというのだ。

ちなみに「あかさたな話法」自体は、脳障害のある人たちのコミュニケーションツールとして、多くの人たちが使っている。閉じ込め症候群で身体がぴくりとも動かず、しかしまぶただけは動くという人は、介助する人に「あかさたな」を読み上げてもらい、まぶたをぱちっとつむることで行や列を指定して文章を作る。柴田さんがほかの介助者と違うのは、当事者からの反応を受け止める感受性がきわめて高いことと、当事者の意に沿って文章を正確に予測する能力が並外れていることだ。

もし予測が間違った場合、当事者から「それは違う」という合図が、例えば突然の無反応などの形で示されるため、柴田さんは通訳を中断し、少し前に戻って改めて通訳を再開する。

この予測変換の問題点について考えてみたい。それは、介助者が言葉を先回りして言うことで、介助者の意思が入ってくる可能性である。なぜなら口頭の会話は、あらかじめ頭のなかで出来上がった文章を読み上げるのではなく、頭のなかで言葉が生み出されるのと口にするのは同時だからだ。そのとき、介助者の言葉が先行すれば、当事者の思考に影響を与える可能性は否定できないのではないだろうか。これに対して柴田さんは「あくまで（私の頭に）浮かんだ言葉について質問し、『その通りだ』という返事を受け取るというやりとりをしているだけなのです」として、間違いなく当事者の声であることを強調した。

そのうえで、次のような注意点もあわせて話してくれた。

「ただし、ぼくがスピードをあげることによって、思わず、言葉を重ねるように言ってしまうということが、実は起こっている。ある内容をしゃべっているとき、ぼくが次から次に繰り出すから、相手も最初考えていた以上に言葉がわいてきちゃうわけですね。本人からすると、三ぐらいでよかったのに、五から八、言っちゃったみたいなことはすでに起こっている。そのへんは自覚的にしないとまずいときがあるかもしれない」

柴田さんによれば、多弁になるかもしれないが、あくまで本人の声ということだ。

多くの当事者の方や家族は柴田さんの通訳を受け入れているのだが、なかには少数ながら、疑問を口にする家族もいた。彼らはもちろん、希望して通訳してもらったわけだが、「やっぱり信じられません」、「ほかの子どもと同じような言い回しがあると感じるので、やっぱり先生の言葉が入っているのではないかと思います」などの意見であった。確かにそれまでは、言葉がないと思われていた子どもたちなのである。第二章で紹介した八巻緩名さんのお母さんも、当初は疑っていた。当事者と家族しか知らない「秘密の暴露」のような証明がなければ、信じられないというのも無理はない気もした。

柴田さんに対して直接、「違う」、「うそだ」と否定する人もいるという。

「お子さんと話して、お母さんは途中まで信じていたのに、『妹の名前を書かせてください』と言われて、違う名前を書いた瞬間、『やっぱりこれはうそですね』って。そうやって、その場でぽんと否定されると悲しかったですね」

このケースではふたつの可能性がある。ひとつは、母親が指摘したように、通訳が「うそ」であったり、あるいは意図的でなくてもミスしたりするなど、通訳する側に問題がある場合だ。もうひとつは、通訳は正しくても、本人が間違えている場合だ。気を付けなければならないのは、当事者は重い障害の影響で、思いこみや思い違い、記憶違い、あるいは質問の取り違えなどをしている可能性が大いにあるということだ。しかし家族にすれば、初対面の通訳より、我が子が正しいと信じたいのは人情であろう。

特別支援学校の先生たちから否定されることは、たびたびだという。妻の奈苗さんは、ため息をもらしながら語る。

「あるお子さんが『かりんくらぶ』などで話ができるようになると、その情報が学校に伝わるわけです。そこの先生たちは発達段階論を持っていて、『この子たちのレベルで話ができるはずがない』と、はっきり柴田の名前を出して、『あれはおかしい』って、子どもの前で言うのだそうです。だからまた、わかってもらえなかったっていう感じです」

その先生たちにとって、「いま欲しいものは？」と聞いて、「いぬ」とか「キャンディ」と答えるレベルなら、重度の知的障害があるとされる子どもたちでも許容範囲である。しかし、柴田さんの通訳が進化し、まとまった文章で自分の意見や考えを伝えるようになると、「発達段階論から見ておかしい」ということになるらしい。この問題については本書の第二部で詳しく検討したい。

柴田さんは、そうした意見も踏まえながら、道具を使わない通訳である「あかさたな話法」と、2スイッチワープロによるパソコン入力を、時と場所によって使い分けている。

詩や散文などの文章で正確さに万全を期したい場合には、多少、時間がかかっても2スイッチワープロによるパソコン入力である。大学での講義などで、事前の知識がない学生たちに当事者の話を聞いてもらいたい場合も、2スイッチワープロによるパソコン入力を使い、その画面を大型スクリーンに表示して、自分の目で見てもらうことで信頼性を高めるよう努めている。

これに対して、柴田さんの方法を理解している関係者だけの集会で、会話を積極的に進めたい場合は、簡便な「あかさたな話法」を使う。というのも一般的に、当事者が口頭で話せないため携帯型のパソコンや意思伝達装置を使う場合、操作に時間がかかり、一般の人たちと同じような速さで会話のやりとりをするのは困難である。しかしきんこんの会では、柴田さんが「あかさたな話法」で通訳に入ることにより、会の進行が驚くほどスムーズとなり、会話がはずんでくる。当然のことだが、会話は一定のスピードとリズムがあったほうが、なめらかに進むのである。ときには深い人生論を交わしたり、ときにはジョークを言ってその場を和ませたりしながら、同じ困難を生きる者どうしが励まし合う、あたたかい空気が生まれるのだ。

きんこんの会では、柴田さん流の「あかさたな話法」のほかにも多くの通訳が入り、活発な討論が行われている。当事者の家族が使っている方法は、介助者が手を添えての筆談から始める場合が多い。それを進化させて、介助者が当事者の指に手を添えて、介助者の手のひらに字を書いてもらう指談《しだん》を使う人が増えている。特別な道具が必要ないため、便利なのである。私が取材したなかでは、指談を使う人が最も多かった。そのスピードは、柴田さんの「あかさたな話法」にはおよばないが、しかし普通の会話に近い速さで通訳できる熟練者も多い。ほかにも、ひらがなの五十音やアルファベットが書かれた文字盤を指でさし示すポインティングもある。最近ではタブレット型コンピューターを指でポインティングして文字入力する人も増えている。こうした方法についても後段の章で詳しく解説していきたい。

言葉さえ自分たちを裏切った

「きんこんの会」という通称の名付け親は、東京都町田市の伊藤柚月《いとうゆづき》さん（二十一歳）である。「きんこんの会はとても、うれしい会です。みんな当たり前の大人としてお互いを認めあっているし、きっといつかこういう世の中が来るんだという気持ちにさせてくれるので、とってもうれしいです。きんこんの会に行くと世界が広がった気がします。ほかの地域の人やほかの障害の人も来るし、いろいろな方が見学に来るし、きんこんの会は広い世界の未来を感じさせてくれます」

柚月さんは性染色体の欠損が原因の「ターナー症候群」と診断されている。一般的にターナー症候群は低身長が特徴であり、知的には正常の場合が多いとされるが、伊藤さんの「愛の手帳」の等級は、「重度」を示す二度である。

東京都の愛の手帳に関するホームページによれば、「重度とは、知能指数（ＩＱ）がおおむね二十から三十四で、社会生活をするには、個別的な援助が必要となります。例えば、読み書きや計算は不得手ですが、単純な会話はできます。生活習慣になっていることであれば、言葉での指示を理解し、ごく身近なことについては、身振りや二語文程度の短い言葉で自ら表現することができます。日常生活では、個別的援助を必要とすることが多くなります」と説明されている。

さらに柚月さんには四肢体幹機能障害があり、身体のあちこちに金具が入っている。関節も硬く、身体障害者手帳は最重度の一級である。

柚月さんが、これまで紹介してきた八巻緩名さんや、三瓶はるなさんと異なるのは、かなり不明瞭ではあるものの、「ママ」という呼びかけや、「うん」という了解の言葉など、一語文的な発語があることだ。他人には聞きとりづらいレベルではあるが、それでも口から言葉が出る。言葉がしゃべれるのはよいことではないかと、普通は考える。ところが、伊藤さんにとっては事情が異なった。

「私は言葉を話したとしても簡単な言葉しか出てこないので、かえって、それ以上のことを考えていないと思われやすいのです。手も勝手に動いて、なかなか言葉も身体もいうことを聞いてくれないのが私の障害です」

自分の意思にかかわらず、身体が動くのは、別に珍しいことではない。例えば、私たちが予期せず熱いものに触れると、驚いて手を引っ込める。このとき、私たちは「熱いから、やけどをしないよう手を離そう」と思った上で、行動するのではない。そんなことを考えているうちに、手をやけどしてしまう。正常な反射として、意識せずに手が動いてしまうのである。

重度の身体障害がある人も、自分の意思に反して手足が勝手に動く場合がある。問題なのは、社会生活にとって無意味な反応が起きてしまうことだ。何も必要がないのに、筋肉に不要な力が入ることによって、勝手に手や足、身体が動いてしまったり、逆に筋肉が固まってつったようになり、身体が動かなくなってしまったりするのである。

脳性まひや脳炎などの後遺症で、手足が硬直して突っ張った状態が続く場合を、痙直《けいちょく》と呼ぶ。一方、ゆっくりとねじれるような動きが腕や手、指、足などで休みなく続くことを、アテトーゼと呼ぶ。

柚月さんによれば、こうした現象が、身体だけでなく、言葉についてもあてはまるというのだ。自分が思ってもいない言葉が、勝手に口から出てしまうというのである。私たちは普通、口から出た言葉は、その人の思いや考えが表明されたものだと受け止める。身体が自分の思いどおりにならないことはあるかもしれないが、言葉というものは、人間の精神に深く結び付いており、言葉はその人の思考そのものだろうと考える。そこで、言葉が稚拙であったり、その場の状況に相応しくない言葉に出会ったとき、その言葉を発した人に対して、違和感を抱く。無意味な言葉を発する人に対しては、普通にものを考えることができないのだろうと思ってしまう。しかし柚月さんによれば、その認識は誤りである。

「私たちにとって一番つらいのは、話せないことよりも、気持ちを持っている人間だと見られないことなのです。話せたほうがいいに決まっていますが、人間として認められるなら、私はすこしぐらい話せなくても大丈夫です。少し話せても、人間として認められなかった経験を持っているので、私にはどちらが重要かということがよくわかっています」

第一章で紹介した大野剛資さんにしても、里見英則さんにしても、それは同様である。わずかながらに声は出ているのだが、それが自分の意思とはまったく違う発声なのである。大野さんは、まわりから奇異の目で見られる、障害のある人特有の声について、「いま出ている声は勝手に動くからだが発しているものですが、なかなか止められないのです」と訴える。ここに、私たちが彼らを誤解してしまう、ひとつの大きな理由がある。身体の痙攣であれば、本人の意思とはかかわりなく、身体が動いているということは、外部の私たちにも理解できる。ところが、それが声や言葉となると、私たちは本人の知性や人間性がそこに現れていると判断してしまうのだ。その発声が、「はひふへほ」といった無意味な文字の羅列であったり、意味があっても「きょうはわたしのたんじょうびきょうはわたしのたんじょうび」といった、その場にふさわしくない一定の決まった文言の繰り返しであったりすると、「この人は知的障害で、まともにものを考えられないのだ」と決め付け、対等な人間とみなさなくなってしまう。しかし真実は、外見や発声とは異なる場合があるということだ。コミュニケーション障害のある人は、単に意思疎通の手段が奪われてしまっているというだけではなく、意味不明の言葉が出ることによって、知性や人間性までが誤解されてしまうのである。

柚月さんは、そんな経験の連続だった。その道のプロである柴田さんでさえ、当初は柚月さんの言葉を見逃していた。家族も、柚月さんが年相応に言葉を理解できるなどとは思ってもいなかった。柚月さんは、第二章と三章で紹介した「かりんくらぶ」に参加していたのだが、それは、音楽が好きな彼女が音楽療法で楽しく過ごしてくれれば、という家族の思いからだった。一方、柴田さんは、曲がりなりにも彼女の口から言葉が出ているのを聞いて、自分の出番はないだろうと思っていたのだった。

「いくら叫んでも、私の声は柴田先生に届かなかったし、奈苗先生に届かなかったし、やさしい人だからこそ、それ以上言うこともできないので、私は自分で言いだすことができないでいました。そのようななかで突然、先生が私たちにも言葉があるのだと思って、スイッチを出してくれたのです」

それは柚月さんにとって、ドラマチックな体験だった。養護学校の高等部三年で、卒業後の進路を決める面談が学校であった日のことだった。母親の明子さんが柚月さんを交えて学校の先生と話し合い、家からの近さなども考慮に入れながら、ある通所施設に通うことを決めたのだった。偶然にもその日、柴田さんとの面談が設定されていた。普段とは違う雰囲気を察した柴田さんは、いつもの音楽ソフトではなく、2スイッチワープロを取り出した。そして柚月さんから言葉を聞き取り始めたのである。

「なぜか先生が突然、私にパソコンのスイッチを出して、すごい速さで動かしはじめたら、気持ちがどんどん言えたのです。進路の話をしていたときのことだったので、私は言いたいことを言いました。あのときのことは忘れられません」

このとき柚月さんは、「あそこはいやだ」、「私は本当は別のところに行きたい」と、パソコンに書き連ねた。家族と学校の先生が、家から通う時間などを考慮し、よかれと思って決めた作業所だったが、柚月さんには不満だった。私は彼女に、その理由を聞いてみた。

「実習に行ったとき、つまらない粘土ばかりやらされたので、とてもいやになってしまいました。それと、担当してくれた職員さんがなかなか私のことを認めてくれなかったので、それもいやでした」

明子さんは、突然の出来事に驚いてしまった。

「それまでは、細かいところまで汲み取る手立てはなかったから」

しかし、驚いてばかりもいられない。時刻は夕方だったが、学校にいた先生を電話でつかまえて、進路の変更手続きをなんとか間に合わせることができたのだった。

明子さんは、柴田さんの通訳に柚月さんが満足しているという。

「納得の表情が違います。そうじゃなかったら、とりあえず人の顔を見ながら、『うん、うん』と話をあわせるみたいなところがあるんですけど。理解してもらえる部分で、満足感があるみたいです」

柚月さんは、柴田さんたちが自分の言葉に気付いてくれたことに感謝する。そして、多くの人が、障害のある人たちの言葉に気付いてほしいと彼女は言う。

「きっとあなたにも言葉があるのねと言って、話し方を変えてあげると、その人はうまく伝えられなくても、そのことに気付いてくれたことに、きっと満面の笑みで応えてくれると思うのです。話し方を変えてくださるだけでも、その人は、救われたという気がするのではないでしょうか」

「きんこんの会」の名前の由来について、次のように説明してくれた。

「きんこんは強くて硬い響きです。私は、強くて硬い響きが、いまは必要だと思っています。なぜなら、私たちは力強く生きていかないと、世のなかの人にわかってもらえないので、きんこんという力強い音が響きあうことが大事だと思ったからです」

その名の通り、きんこんの会では活発に意見が交わされ、心が響きあうのが伝わってくる。柚月さんは、柴田さんの通訳で、思いの丈を伝えられるようになった。

「言葉も身体もなかなかいうことをきいてくれないのが私の状態です。でもこうしてすらすら話せるようになったので、私は自分を言葉の障害者だとは思っていません。これから私は身体の障害はあるけれど、みんな同じ人間ということで生きていきたいです」

第三章で紹介した三瓶はるなさんも、きんこんの会に参加したことを喜んでいる一人だ。

「仲間ができたし、仲間と一緒にいろいろ話し合えるので、こんなにすばらしい会はないと思っています。私たちのことを世の中にわかってもらう上で、とても大事な会だと思っています。まさか私たちが集まって、話をしているなど、世の中の人は夢にも思っていないと思うのですが、私たちだって、集まって意見を言う。いつか私たちも、そういう意見をまとめて世の中に訴えていけたらと思ってます。きんこんの会はいつか、必ず世の中に認められると思うので、私も楽しみです」

次章で詳しく紹介する里見英則さんもまた、きんこんの会のメンバーである。

第五章　言葉が開く世界

特別支援学校か普通学級か

実は、きんこんの会のような集いが持たれている地域は、ほかにもある。私が知るだけでも、東京や山梨、埼玉など、各地で同様の会がもたれ、重度の知的障害があるとされ、以前なら言葉など理解できないとされていた人たちが、介助者のサポートを受けながら、会話を交わしている。

このうち東京では、老人ホームなどが入った福祉施設の一室を借りて、「学習会サロン」と名付けられた集いが定期的に開かれている。

運営の中心となっているのは、第一章にも登場してもらった里見さん親子だ。新宿区に住む里見英則さんは、元会社員で、いまは福祉タクシーを開業している智則《とものり》さんと、元教員の見千子《みちこ》さんの長男である。英則さんは、生まれつき心臓に異常があり、本来なら三つある大動脈の弁が二つしかなかった。さらに脳にも問題がみつかり、英則さんが一歳の頃、専門医により、歌舞伎症候群と診断された。

公益財団法人難病情報センターのホームページによると、歌舞伎症候群とは、原因不明の先天異常症で、切れ長の目をもつ顔が歌舞伎役者の隈取りに似ていることから命名されたという。患者は全国で四千人程度と推定され、きわめて珍しい難病である。症状は骨格異常や種々の内臓奇形などを伴い、多くは中程度の低身長と軽度から中程度の精神発達遅滞があるとされる。本質的な治療法はなく、合併症が現れるごとに対症療法が行われるという。

英則さんは、赤ちゃんの頃は口から栄養を摂ることがむずかしく、鼻にチューブを入れてミルクを注入した。四歳になってチューブをはずすことができ、口からミキサー食、つまり、つぶした状態の柔らかい食べ物を摂るようになった。これは現在も続いている。

「食べ物にいくまでは、粘りの強いヨーグルトを水分がわりに、二〇〇ccを一時間かけて食べさせて、それでなんとか丈夫になってきたのです」

そう語るのは母親の見千子さんだ。両親にとって、食事の苦労は並大抵のものではなかったろう。もちろん苦労はこれだけではなかった。小学校にあがる前に、東京都の施設で受けた知能検査はさんざんな結果だったという。

「IQ二十未満で、ちょっとショックを受けました。問いかけても笑っていたり、積み木を積んでくださいと言われても積めなかったり、何かしてくださいと言われてもできない」

東京都の説明によれば、IQ十九以下は最重度の知的障害に分類され、「生活全般にわたり常時個別的な援助が必要」という、乳幼児のレベルにあたる。「言葉でのやり取りやごく身近なことについての理解もむずかしく、意思表示はごく簡単なものに限られ」るとされ、コミュニケーションも非常に困難とされる。英則さんは現在、ふたつの障害者手帳を持っている。知的障害の愛の手帳は最重度の一度、身体障害者手帳は、寝たきりではなく座位がとれるため最重度ではなく、重度にあたる二級で、重度重複障害である。

英則さんは地元の養護学校に入学したが、両親からの要望を学校側が受け入れる形で、毎月二回だけではあったが個別交流という名目で、地元の小学校にも通った。

養護学校は現在は特別支援学校と名称を変えて、それぞれの子どもにふさわしい教育が行われることになっている。これに対して、「うちの子は普通学級に通わせたい」と願う親もまた多い。どちらがよいかについては、様々な意見があり、一概には決められない。しかし英則さんのように重度の障害が重複してある子どもについては、学校側が普通学級では対応できないと拒むケースが多い。

そもそも教育委員会は、学校教育法の施行令に定められた「知的発達の遅滞があり、他人との意思疎通が困難で日常生活を営むのに頻繁に援助を必要とする程度のもの」や「肢体不自由の状態が補装具の使用によっても歩行、筆記等日常生活における基本的な動作が不可能又は困難な程度のもの」、あるいは重度の視覚障害や聴覚障害のある子どもには、原則として就学通知を出さない。また普通学校では、これらの障害に対する個別の配慮をほとんど行わない。このため通常は特別支援学校に行くしかない状況となっている。

しかし世界的に見ると、状況は異なってくる。政府が署名はしたものの、まだ批准していない

「障害者の権利に関する条約」（外務省仮訳）の第二十四条では、「あらゆる段階における障害者を包容する教育制度及び生涯学習を確保する」と規定している。ここでは「包容する」と無理やり日本語にせず、原文の「インクルーシブな教育制度を確保する」とカタカナを含めて表記したほうがわかりやすいだろう。インクルーシブとは、「開放された」という意味であり、障害のあるなしにかかわらず、すべての子どもたちに通常の学校が門戸を開くことである。さらには個別の支援が必要な場合には、「完全な包容という目標に合致する効果的で個別化された支援措置がとられることを確保すること」と念を押している。条約に批准した国はすでに百か国を超え、こちらが世界の主流なのである。

そんななか、英則さんは、親の希望と学校側の事情の折衷案のような形で、個別交流が認められたのだ。

小学校では全校集会で、校長が英則さんを紹介してくれた。

「近くに住む里見英則くんです。金曜日にこの学校に、勉強しにくることになりました。廊下や町であったら挨拶しましょう」

英則さんは二人兄弟で、弟は保育園に通っていて、見千子さんは英則さんと一緒に弟の送り迎えをするのが日課だった。英則さんが小学校に行きだしてから、弟を迎えに行ったときのことである。帰りに公園に寄ってみたら、「里見く〜ん」という声がする。

「ぼくを知らない人がぼくを呼んでいる」

英則さんの弟は、見千子さんにそう話しかけた。しかしその謎はすぐにとけた。子どもたちは英則さんのところに集まってきたのだ。

「あれ、ひでちゃんなの？」

弟は驚いた。しかし、とてもうれしい驚きだった。見千子さんは英則さんが一般の小学校にも通えたことを喜ぶ。

「そのくらい、我が家にとっては、普通小学校に通うっていうだけで、近所の知り合い、友達ができてびっくりしました。行ったかいはありましたね」

現在の英則さんは、私が語りかけると視線をあわせてうなずいたり、笑ったりする。コミュニケーションのための言葉を発することはできないが、明らかに、私の話している内容をきちんと受け止めていることがわかる。しかし以前は、周囲の呼びかけに対してまったく反応がなかったという。それが、徐々に変わっていった。その背景には、学校で刺激を受けたこともあるだろう。しかしもっと大きかったのは、指や文字盤を使ってコミュニケーションがとれるようになったことである。

「顔つきがまず、変わりました。人間らしくなった」

そう語る見千子さんだが、それまでの道のりは短いものではなかった。

語りはじめた子どもたち

最初に介助付きの筆談というコミュニケーション法があることを知ったのは、養護学校でのことだった。英則さんが通っていた養護学校では、女性の教諭が、可能性のありそうな子どもたちに介助付きの筆談や指談《しだん》を教えていたのだ。

「表向きにはできないのですよ。こっそり個別の授業のなかで、やっていた。ヒデくんは見た目で、絶対わからないだろうと、みんなが思っていたので、(筆談の対象には)選ばれなかったのです」

介助付きの筆談や指談は養護学校の表向きのプログラムにはない、いわば裏メニューだった。自分だけではペンや筆を持つことができない子どもに寄り添い、子どもの手を支えてあげながら、子どもの意図を自分の手で感じ、かすかな子どもの力を増幅してあげる形で字や絵を書くのだ。指談は、ペンの代わりに子ども自身の指を使い、介助者の手のひらを紙の代わりにして字を書くのである。

こうした指導については否定的な管理職が多い。自分たちが学び、体験してきた理論からはみだす教育法は受け入れられないのだ。これに対して、「子どもたちに、少しでもできることが増えるのならやってみてもいいのではないか」と考える先生たちもいる。教育の主役は先生ではなく、子どもたちだと考えているからだろう。

私は、英則さんが通っていた養護学校で、介助付きの筆談や指談を教えていた女性の教諭に会って話を聞いてみた。彼女が筆談を指導するようになったのは、第七章で紹介する神奈川県横須賀市の特総研・国立特殊教育総合研究所、現在の国立特別支援教育総合研究所で研究員をしていた笹本健《ささもとけん》さんの論文を読んだことが大きなきっかけになったという。

「一人じゃダメだけど、（ペンを持つ子どもの手に）手を添えたら丸を描いた。そこで、『顔を描いて』って言ったら、目らしきものを描いた。ちゃんと顔も描けたということは、『もしかしたら字も書ける？』と思って。インターネットで検索して、笹本先生の論文に出会って読んだら、そういうふうに魚の絵を描いたり、字を書いたりしたとある。それで、やってみたらできたのです。同僚とやり方を教えあって、『名前を書いてみよう』とか、『はい』と『いいえ』を書いてみようとか」

それと同じ時期に、この教諭は國學院大學の柴田さんともかかわりを持つ。柴田さんは養護学校、いまの特別支援学校にも出かけて、子どもたちの指導も担当していたのだ。

「同時並行なのですが、柴田先生に読み取ってもらったら、言葉があったのです」

彼女は指談の経験がまだ浅かった頃、「よりう」とまでは読み取れたが、それ以上がわからないことがあった。柴田さんに引き継いで聞き取ってもらうと、「よりうまくなりたい」という言葉になった。指談がうまくなって、もっとコミュニケーションをとりたいというポジティブな気持ちを表現しようとしていたのだった。

仲間の教員は、別の子どもから「勲章はいらない」という詩を読み取ったことがあった。

「教員の思考にはない言葉なんです。ですから、これは間違いなく、その子が書いたものだと思いました」

その事実を学校側はどう受け止めたのか。

「手にまひが強く、緊張が強すぎて書けなかったが、手を添えたら少しリラックスして書けたのだろうと」

否定まではされなかった。事実がある以上、合理的な解釈をして受け入れたということだろう。

教諭は、介助付きの指談でコミュニケーションがとれるようになると、子どもたちと付き合うスタンスが変わったという。

「例えば給食で食事の介助をしたとき、口をあけないのです。なぜあけないのかなと思って、『おかずが嫌いなの？』って聞いたら、『違います。口のなかにまだ残っています』と答えてきて。その続きで、『先生もおなかが空いているでしょうから、食べてください』と。そう言われて、『ああ、こちらは見られているのだな』と感じて、かかわりもどんどん変わっていったのです。できないことを教えるとか、そういう上から下の関係じゃなく、対等で、こちらも見られている人、問われている人というふうになりましたね」

この先生は、子どもの持っている可能性を感じ取る力を持っている。それこそ、教育者としての資質であろう。

そんな先生のいる養護学校に通った英則さんだったが、筆談や指談にはまだ挑戦していない。親の見千子さんでさえ、英則さんに言葉があるなど思ってもいなかったからだ。

英則さんは養護学校の中学部を卒業すると、世田谷区にある特別支援学校の高等部に進学した。やがて卒業を間近に控えた二〇〇九年一月のこと。十八歳の英則さんはようやく、柴田さんとめぐりあった。柴田さんが英則さんの通う養護学校に来ていることがわかったのだ。見千子さんは、「ダメもとで」と、お願いしてみることにした。

「有志がこっそり主催していて、『うちもやってもらえない?』って頼んだら、入れてくれたんですよ」

いよいよ柴田さんの個別指導を受けることになった。英則さんは順番待ちをしているとき、前の子がやっているのを見ていた。

「こんにちは。はじめまして。いまの見ていたよね。できる?」

柴田さんの問いかけに、英則さんは柴田さんの介助を受けながら、いきなりカチャカチャと、勝手に2スイッチワープロのスイッチを動かし始めた。見千子さんは最初、何をやっているのかわからなかった。

そのうちに、「おかあさんいつもありがとう」という文章が出てくる。

「柴田先生が言わせているのかなぁと思って。『やだなあ』って思って見てたら、最後のほうで、英則しかわからないことを書き始めたのです」

特別支援学校を卒業したら、どこに行きたいかという話になったのである。英則さんは、次のように答えた。

「きぼうはあゆみえん。なぜならちいさいときにかよっていたところだからきもちがらくです」

これを聞いて、見千子さんは驚いたという。英則さんは「あゆみ園」と書いたが、実際は「あゆみの家」である。そんな些細な間違いはあったが、障害者向けの訓練施設のことである。「小さい頃に行っていた場所を柴田先生は知らないから、これは、英則が書いたのだなあと、ここに来てはじめて信じた。そこまでは半信半疑でした。だって、字を教えていないのに、なんで字を書けるのとか、疑問のほうが先にわいちゃって。すると、『絵本でお母さんが読んでくれました』って。びっくりしちゃうことばかりでした」

その後、定期的に柴田さんのもとに通うようになった。見千子さんは2スイッチワープロを借りてみたが、練習してもうまく英則さんの意思を感じ取ることができない。柴田さんに相談すると、「それじゃあ、好きな歌とか、詩とか、教科書をやってみたら」と、アドバイスを受けたもののの、やはりうまくいかない。

そんなときに出会ったのが詩人、大越桂《おおごえかつら》さんの本、『きもちのこえ　19歳・ことば・わたし』だった。それは里見さん親子に強いインパクトを与えた。なぜなら、大越さんも英則さんと同様、最重度の障害があるからだ。英則さんは、「作者の桂さんのようになりたい」と思ったという。

その桂さんがどのようにして本を執筆したかというと、介助者の手を借りながら筆談で文章を綴ったのである。

筆談がまいた「希望の種」

宮城県仙台市在住の大越桂さん（二十四歳）は、父、裕光《ひろみつ》さん、母、紀子《のりこ》さんの双子の妹として生を受けた。八百十九グラムの超未熟児だった。残念ながら双子の姉は死産だった。桂さんは黄疸や腹膜炎、未熟児網膜症などで手術や治療を受け、ようやく退院できたのは生後四か月がたってのことだった。

退院してからも、最重度の脳性まひで、手足が勝手に動いてしまう。外来通院とリハビリが続くことになり、生活のあらゆる場面で全介助が必要であり、二歳で身体障害者手帳一級をとった。現在は背骨の湾曲が進行しているという。

視覚は未熟児網膜症による弱視で、左目十センチ付近以外はぼんやりして見えず、十五歳で視覚障害者手帳二級。十八歳で、知的障害者のための療育手帳一級をそれぞれ取得した。

この間、九歳のときに嘔吐を繰り返す合併症のため、腹部に穴を開けてチューブを通し、胃に直接栄養を送り込む胃ろうを造設した。肺炎も繰り返したため、十三歳のときには気管切開をした。これにより桂さんは、わずかに残されていた自己表現の手段である声を失った。

その一方、立派に機能している感覚器官もあった。耳である。母親の紀子さんによれば、「地獄耳」だそうである。

そして、すぐれた記憶力と判断力を持っている。体験したことは、細かなことまで覚えている。親にとって都合のよい記憶とは反することもあるため、「ときにとても恐ろしい」とは紀子さんの弁である。その頃のことを、桂さんは著書で次のように書いている。

「私は十三歳で筆談を覚えるまで、言葉で表現することができませんでした。まわりの人は、私の知能の発達は三歳くらいだと思っていたそうです。でも、私にはみんなが話すことはほとんどわかっていました。

耳は聞こえるものの、重度の脳性まひのため、『あー』や『うー』の声しか出せず、体も思うように動かないので、コミュニケーションの手段がありませんでした」

その頃の自分のことを、桂さんは、「海の底に眠る石」だったと表現している。


海の底に眠る石は／じっと隠れて潜んでいる／海の深さに埋もれた闇に／じっと隠れてそのときを待つ

そんなときに出会ったのが筆談だった。名取支援学校中等部一年に籍を置き、長期入院中の個室で訪問授業を受けていたのだが、学校の教頭が、先述の特総研・国立特殊教育総合研究所で介助付きの筆談を学んだ経験があった。そこで紀子さんに、「筆談によるコミュニケーションをやってみたら」とアドバイスしてくれたのだ。

「私は重度のまひのため、思うように体を動かせないし、細かい動きはもっとできません。ほんの少し動かせる左手にペンを固定し、紙は先生にもってもらい、文字を書いてみました。

最初は、かつらの『か』でした。『か』のカーブをうまく書きたいのに、緊張で腕がこわばる。動かそうとすればするほど、違うほうに行ってしまう。

でも、先生は、私自身の『文字を書こうとしている動き』を感じ取ってくれました。

私が『通じる人』になった瞬間でした」

ひらがなで「かつら」と書くだけで時間が十分もかかったが、それでも桂さんは毎日、書く練習を続けた。筆談ができるようになったときの喜びを、私は桂さんに聞いてみた。

「身体中の細胞が口から飛び出るのではないかと思う程衝撃的な歓喜でした。同時にこの瞬間を逃したら二度と通じない人になってしまうとわかり、何としてもつかみとらなければならない大きなチャンスだと確信しました。そのため、自分には練習の意思があることを全身を使って猛アピールしました」

字が書けるようになって、最初に書いた単語が「つめ」だった。次が「ピンク」、続いて「みつこし」だった。おしゃれがしたいから、三越に行って、ピンクのマニキュアを買ってきてほしいという意味で、いの一番に頼んだのだ。なぜなら、爪はただひとつだけ自分で見ることができる自分の身体だからだという。具合が悪いときでも爪が伸びる。すると、『まだ生きているな』と確認できる。爪は桂さんにとって、いのちの象徴だったのだ。桂さんに「つめ」と題した詩がある。

すこしのおしゃれは／げんきがでてくる／つめのせかいへ　でかけよう／つめのいろは
こころのいろ／つめのいろは／いつもたのしく／うきうきしたい
おとめのつめは　こころのいろ／つめのいろは　せかいのいろ／つめのいろは　いのちの
いろ

次に書いたのは、クリームパンの「クリーム」だった。それまでは「プリンかヨーグルトか」しか聞いてくれないから、絶対にクリームが食べたかったという。

「選択肢を百個並べても、百一かも知れない。それが言葉だと自分から言える。すごく幸せでした。自分から言えることの素晴らしさをかみしめました」

桂さんは中等部二年のときから詩の創作を始めた。それは「自分の中にある宇宙から言葉がやっと出た！」という感じだったという。やがてブログを作って、インターネットで発信するようになる。創作は詩だけでなく、短歌や書などにも取り組む。

桂さんのブログ「積乱雲」には「友達ウイルス」という詩が載せられている。

友達がそばにいると／うれしい気持ちが伝染する／ウイルスみたいに／空気感染／あっという間に広がって／あたりがうれしさで満ちていく
症状は大笑い／おしゃべり／うわさばなし／その他

友達病につける薬はありませんが／コツは育ててつきあうこと／友達ウイルスは善玉です
（二〇〇四年十二月）

桂さんはこの詩に次のような文章を添えている。

「私はずうっとずうっと友達がほしかった。親の友達の子供、ではなくて、私の友達。同じ時間をいっしょに過ごすことも難しいけれど、同じ今を生きていると思うだけで元気がでるよ。みんなそれぞれがんばっている。私もがんばろうっと！」

言葉を命の糧にして

桂さんは言葉で表現ができるようになり、それをインターネットで発信することによって、自分の世界を切り拓いていった。

私も今回は、スカイプを使ったパソコンのテレビ電話やメールのやりとりで、仙台在住の桂さんを取材させてもらった。

「私は障害が重く、移動には多くの制約があるため、直接会うことが困難です。インターネットで瞬時に遠くの人とも会話ができるのは大変嬉しいです。私をとりまく世界が劇的に変化し、かつ、広がりました」

パソコンやインターネット技術の進歩は、功罪両面あるとは思うが、桂さんのように障害のある人にとって、技術革新は非常に役に立つ。

「片足をなくしてもなおあこがれる空に向かいてバッタ飛ぶ秋」

こうした桂さんの短歌もある。そうしたポジティブな気持ちを、自分で作り上げていった。

「基本的に楽天的だと思っているので、障害についてはあまり気にしていません。小さいときから障害をネタに笑い飛ばしてきた我が家のスタイルのおかげかもしれませんね。長年のうちに自分でもそう刷り込まれてしまいました」

母親の紀子さんは、そんな娘をどう見ているのだろうか。

「明るい性格で頑張り屋。タフで根性がある。親も厳しい面があったと思うがあきらめないで苦しいときも歯を食いしばって努力する子供でした。あいまいにすることを嫌い、正面から向き合う強さがある。全介助でいのちが成り立っているので、周囲に大変気を使う。同時に思いやりもある。

喧嘩ができるようになってからは、親を越える精神力で相談相手になっています。老いては子に従え……」

桂さんの「自由なわたし」という作品を紹介したい。

わたしにできることは寝ること／何もできない／いいことも　いやなことも／いつだって
受身で待つだけ／うれしいことも　苦しみも／伝えられない／何のために生きているのか／

誰も教えてくれない／声でいっしょうけんめい／伝えようとしたけれど／心の美しい人にしか通じない／一日のほとんどは／苦しい時間で疲れはてる

息が楽になるのは本当にすてき／にこにこ笑える／みんなのやさしさも／受け止める余裕になる／気持ちが明るくなると／今日をがんばれる／そうすると／明日もいい日になりそうな感じがする／希望が出てくる

肉体が不自由でも／精神的自由は私だけのもの／自由な私は何でもできる／生きているってすばらしいこと／ひとつひとつ失っても／いのちはいつも美しい／どんな姿になっても／愛で包まれていることに気づけるのは／今の私だから／みんなの愛に／気がつくことができた私は／今の私で／十分だと思います

いのちの意味は／ひとり一人違う／私はどんな姿でも／生きていたい／生きていることは／本当にすてき

桂さんにとって、「自由」という言葉はどういう意味を持つのだろうか。

「まひに支配される肉体という現実の限界のなかに、想像や空想の世界を作り上げることで、生きるバランスをとっていました。障害の重度化は、ふたつの世界からの同時の悲鳴でした。言葉を得たことで自分自身を心身ともに受容できたような気がします。それからはふたつの世界がつながり合い、言葉の扉を使って、現実世界も空想世界もいつでもどこでも行き来できるようになりました。瞬時に宇宙にも、細胞のなかにも、心のなかにも旅することができるのが自由です。自由のなかでは私は思い切り楽に呼吸することができます」

詩人らしい言い回しだと思う。自由という言葉は、むずかしい言葉だ。使う人によって違う意味が込められる。例えば基本的人権の「自由権」と言う場合、さまざまな封建主義的制約から離れて、人びとが自分の思いどおりに行動できることを意味したものだろう。それが徐々に拡大解釈されて、私たちはふだん、「自由」というと、「ご自由にどうぞ」とか、列車の「自由席」という表現からもわかるように、自分の好きにしてよいことだと理解している。しかしそれは、「自由」の一面にすぎない。

自由という言葉は、「自《みずか》らに由《よ》る」と書かれるように、当初はこちらの面が強かったのだろうと思う。端的に言えば自己決定があってこそ、本当の自由であろう。

一般的には「不自由」そのもののように見える桂さんだが、その内面では言葉本来の意味での「自由」が息づいている。言葉で表現する力を得たことで、桂さんのいのちは、人間らしい生存に値する自由を得た。

そんな桂さんの詩は、徐々に人びとの共感を呼んでゆく。東日本大震災から一か月後、「花の冠」

という詩ができた。

嬉しいなという度に／私の言葉は花になる／だから／あったらいいなの種をまこう／小さな小さな種だって／君と一緒に育てれば／大きな大きな花になる

楽しいなという度に／私の言葉は花になる／だから／だったらいいなの種をまこう／小さな小さな種だって／君と一緒に育てれば／やさしい香りの花になる

花をつなげたかんむりを／あなたにそっとのせましょう／今は泣いてるあなたでも／笑顔の花になるように

「花の冠」には東京在住の作曲家、松浦真沙さんによって曲が付けられ、二〇一一年（平成二十三年）四月三十日に仙台市で開かれた復興支援チャリティコンサートで、地元の少年少女合唱団が初披露した。これが五月十一日付の朝日新聞「ニッポン人脈記　いきること」にも掲載され、多くの人たちが注目することになる。その一人が、のちに首相となる野田佳彦である。

野田はそれから半年後の十月二十八日に国会で行われた総理大臣としての所信表明演説で、桂さんの詩を引用して締めくくった。

「嬉しいなという度に　私の言葉は花になる　だから　あったらいいなの種をまこう　小さ

な小さな種だって　君と一緒に育てれば　大きな大きな花になる」

仙台市に住む若き詩人、大越桂さんが大震災後に書き、被災地で合唱曲として歌われている詩の一節です。障害を抱え、声も失い、寝たきりの生活を続けてきた彼女が、筆談で文字を知ったのは十三歳の時だったといいます。それから十年も経ず、彼女は詩人として、被災地を言葉で応援してくれています。

誰でも、どんな境遇の下にいても、希望を持ち、希望を与えることができると、私は信じます。

「希望の種」をまきましょう。そして、被災地に生まれる小さな「希望の芽」をみんなで大きく育てましょう。やがてそれらは「希望の花」となり、全ての国民を勇気づけてくれるはずです。

この部分は、すばらしいことを言っていると思う。残念なのは、その内容と彼の行動が大きくずれていたということである。

首相就任直後は口当たりのよい言葉をふりまいて、まずまずの支持率を得ていた野田内閣だったが、民主党を選んだ有権者を裏切り続ける政策で、たちまち支持率を低下させ、総選挙ではあえなく惨敗した。せっかくの政権交代という、民主主義社会の「希望の芽」をあえて摘み取るような政策をとり続けたその罪は重い。それでもひとつだけ功の部分があるとすれば、それは桂さんの詩を世に知らしめたことであろう。

自閉症の僕が「跳びはねる理由」

話は再び、里見英則さんに戻る。母親の見千子さんは様々な講演会や勉強会に参加するなかで、特総研の笹本さんと知り合った。大越桂さんが筆談をするようになったのも、特総研の研究があればこそのことである。その縁で、大越さんを紹介してもらい、交流の輪を広げていった。本書の「はじめに」で紹介した「二人の男女による会話」とは、英則さんと桂さんがスカイプで行ったものである。

英則さんや見千子さんが秀逸なのは、自分たち家族だけで悩むのではなく、常にまわりをまきこんで、試行錯誤しながら、なんでもやってやろうの精神でチャレンジしていることだと思う。そのひとつとして、見千子さんは同じような障害のある子どもたちのいるふた家族と一緒に、悩みや課題など、なんでも話し合うサロン形式の集まりを始めることにした。

二〇〇九年（平成二十一年）春、新宿の福祉施設の一室を借りて、「学習会サロン」と名付けられた集いがスタートした。参加するのは、肢体不自由でコミュニケーションに障害がある若者たちと、その親や介護者、ボランティアの人たちである。キャッチフレーズは、「障害があってもなくても、いい人生を送れますように！」。呼びかけに応じて、里見さんたちのほかに、関心のある数組の親子が参加することになった。特総研の専門家である笹本さんも、求めに応じて協力することになった。

　こうして学習会サロンが始まったのだが、なかにはアメリカでドーマン法と呼ばれる特別な訓練を受けた親子もいて、文字盤を指さしながらの会話ができる人もいる。これについては第七章で詳述する。マジックペンを持って筆談ができる人もいる。しかし里見さん親子は柴田さんの通訳に頼る以外、具体的なコミュニケーションの術を持っていなかった。

「私たちだけ、主催しているのにできない二人みたいな感じで、落ち込んでいました」

　その後まもなく、学習会サロンにゲストとして、千葉県君津市在住の童話作家、東田直樹さんを招いた。

　東田さんのホームページには、自身の紹介として、次のように記されている。

「会話のできない重度の自閉症。自閉症、絵本、詩集など十四冊の本を執筆。東京大学（二回）、福岡女学院大学ほかで、講演会を開催。パソコンおよび文字盤ポインティングにより、援助無しでのコミュニケーションが可能」

　ここで自閉症についてふれておきたい。自閉症ほど誤解されてきた病気も少ないだろう。「自閉」という言葉から、閉じこもりや引きこもり、あるいはうつの症状などを連想する人も少なくないが、これは誤りであり、まったく別の概念である。「親のしつけが悪かったから」、「子育てをテレビに任せっきりにしていたから」などと、本気で言う人もいるが、これも勘違いである。自閉症は、過保護や虐待による精神的なトラウマなどによって引き起こされる精神の病ではなく、自分からあえて心を閉ざしているのでもない。医学用語では器質的疾患というのだが、何らかの原因で物理的に脳が傷ついたり、発育が十分でなかったりしたため、言葉がでなかったり、感覚や認知の機能が正常に働かなかったりする発達障害のひとつである。当人の気持ちの問題とか、やる気の問題などとは別次元の、脳の障害なのである。

この障害のため、他者との交流やコミュニケーション、つまり社会性に支障をきたしやすく、興味や関心の対象が限定されるという共通の特徴がある一方、そのほかの症状は人によって大きく異なる。知的障害や言語の遅れを伴う場合もあれば、伴わない場合もある。知的障害と言語の遅れが共にある自閉症は、カナー症候群と呼ばれる。世間で言う、いわゆる「自閉症」の典型的なタイプである。これに対して知的障害を伴わず、しかし言語の遅れが見られる自閉症は、高機能自閉症と呼ばれる。注意したいのは、ここでいう高機能とは知的障害がないということであり、数字で言えばIQ七十以上が基準となる。つまり、知的障害とまでは言えないという人から、IQ百四十台の知的能力がきわめて高い人まで、高機能自閉症には含まれるのである。知的障害の有無にかかわりなく、人によっては驚異的な記憶力といった、特異な能力を発揮するサヴァン症候群の場合もある。知的障害がなく、しかも言語の遅れもないのがアスペルガー症候群である。

このように、一口で自閉症と言っても、症例は様々で、ひとくくりにはできないのだが、その多様性には連続性を見出すことが可能であり、それを踏まえて「自閉症連続体」、あるいは英語をそのまま使って「自閉症スペクトラム」とも呼ばれる。アスペルガー症候群は知的障害や言語の遅れがないにもかかわらず、社会性の欠如が見られることから、自閉症スペクトラムに含まれる。整理すると、アスペルガー症候群以外、自閉症スペクトラムに含まれる障害は言語の遅れがあるということだ。さらに自閉症と、類似の症状が現れる遺伝子疾患などをひとまとめにして「広汎性発達障害」と呼ばれることもある。

一九九二年（平成四年）生まれの東田さんには、自閉症がある。話しかけてもコミュニケーションをとることは困難で、人の頭をたたいたり、奇声をあげたりといった行動に、本人や家族は悩まされてきた。典型的なタイプの自閉症である。そんな東田さんが、四歳のときに出会ったのが介助付きの筆談だった。

東田さんは母親の美紀さんに腕や肩を支えてもらいながら介助付きで執筆し、栃木県下野市にある「グリムの森」が主催する「グリム童話賞」中学生以下の部の二〇〇四年、二〇〇五年の大賞を連続受賞したのをはじめ、様々な創作コンテストで多数の入賞歴があり、大手出版社からも相次いで作品集が出版されている。

東田さんは各地で講演会を定期的に開いている。私も参加してみたが、舞台の上でも急に大声をあげたり、走り出したり、飛び跳ねたりと、予想外の行動をとるのは、自閉症の人によく見られる特徴だ。そんな東田さんだが、壇上で、目の前に置いたノートパソコンに、右手でどんどん文字を打ち込んでゆく。筆談を始めた頃は、母親に手を添えてもらわないと文字が書けなかった東田さんだが、いまでは自分一人の力でパソコン入力をしている。介助をする人が字を書いていないのは明らかだ。誰も東田さんに手を触れていないのだから。

東田さんは、自分で書いた原稿を読み上げる形で、講演を行う。自閉症について、当事者の体験を自分の口で語るのだ。誤解されやすい自閉症の人たちに対する様々な疑問を、自身の口で解説してくれる。会場からの質問に対しても、自分の言葉で答えてくれる。

自身の著書のタイトルにもなっている「跳びはねる理由」について、東田さんはその著書で次のように書いている。

「思いどおりにならないときだけでなく、嬉しいときにも僕は跳びはねます。今の僕にとって、それは感情を自分のなかで整理するためのものだと思います。（中略）

僕が跳びはねたくなるほど感情の起伏に耐えられないのは、体のコントロールがきかない上に、感情のコントロールがきかなくなると、自分をどう保っていけばいいのかわからなくなるからです。普通の人も同じような気持ちになることはあると思いますが、行動のコントロールが自分の意思で出来るので、そんなに困ることにはならないと思います。僕にとって混乱した感情というのは、得体の知れないモンスターなのです」

この著書は英訳されてイギリスで出版され、近くアメリカでも発売されるという（二〇一三年七月二十五日付朝日新聞）。

東田さんの講演を聞き、書いたものを読むと、自分の意思がきちんとあり、これに対して自分の身体のコントロールがきかないという苦しさがよくわかる。人は相手を知ろうとするとき、その人の言動で判断する。そうなると残念ながら、東田さんのような自閉症の人は、自分の意思とはまったく違った言動によって誤解されてしまうのである。

がまんして食べていた大好物

話を学習会サロンに戻すと、東田さんをゲストに招いての交流会が、里見さん親子にとって大きな転機となったという。

「そのとき東田さんに、文字盤をやってもらったのです。見ていたら、指さしたところを読んでいて、意味がないところでも（お母さんが）読み上げているのですよ。だから、そうやって、意味のあることだけを読み取るのじゃなくて、指さしたところを読めばいいのだって」

さらに仙台に出かけて、大越桂さん親子に直接会い、アドバイスをもらったりもした。

「筆談は、私がやってもなかなかできない。だから私は、文字盤のほうがいいかなと。そうしたら、『はい』と『いいえ』ができるようになった」

文字盤は手作りで、「はい」が○、「いいえ」が×である。大越桂さんのアドバイスで、「はい」と「いいえ」のほかに、「どちらでもない」が大事と聞き、△も付けてみた。

それでいいというとき、○にそっと近づけると、磁石に吸い付けられるように、○を指す。違うときに近づけると、磁石のN極とS極が反発するように、ふっと回避するような動きになる。

ある程度、文字盤の指さしができるようになると、日常の事柄を簡単に指さしできるように、文字盤を改良した。「おとうさん」や「おかあさん」、「おはよう」や「ごはんたべたい」、「トイレ」などの言葉を記入し、そこを指すように練習すると、それでけっこう、日常生活の用が足せるようになったのだ。やがて文字盤の「あ」「い」「う」「え」「お」にも吸いつくようになった。

「グラタンとハンバーグのどちらを食べたいか聞くときは、『グ』か『ハ』かどっち?』と聞いて、『グ』か『ハ』を指してもらう。そういう感じで、字ができるようになっていって、そのうち、たとえば『ねこ』とか『ゆき』とか、二文字で単語表現ができるようになって。あとは、二、三か月して、ふっと、三文字、四文字ができるようになって。さらにしばらくして、六文字、七文字と増え、やがて文章を語り出しました」

東田さんの著書にはDVDが付いているものがあり、東田さんがパソコンで文字をどんどん打ち込んでいく様子が映像で紹介されている。それを見た英則さんは、「自分もパソコンをやりたい」と言い出した。

里見さんを支援しているボランティアの人がそれを聞いて、英則さんが打ちやすいよう、小型のキーボードを探してきてくれた。

「練習していたらできるようになった。おもしろかったんじゃないですか。それで『自由な里見英則』というタイトルで、日記を書き始めたのです」

英則さんは毎日、日記を書いた。長くても、短くても、それが日課となった。そこで見千子さんが気付いたことがあった。日記とはその日の出来事を書くものである。ところが英則さんは、それがむずかしかったのだ。

「学校の連絡帳を見ると音楽療法をやっているのに、『きょうは調理実習でプリン作った』と、違うことを書く。なぜだろうと考えてみたら、最近見たテレビの内容だったのです。その番組が楽しくて、そういう空想で帰ってきたのかもしれない。だから、思っていることを文章にするときに、現実と空想の区別がつかないということが、日記を書いているうちにわかるようになってきたのです」

小さな子どもは、そういうことがよくある。「あすはディズニーランドに行きたいなぁ」という希望が、「あすはディズニーランドに行くよ」と決定事項になり、翌日はディズニーランドに行っていなくても、「ディズニーランドに行ってきたよ」と言ったりする。これは親が、希望と現実の違いを教えてやれば、そのうちに理解するようになることである。

高次脳機能障害という、脳の障害がある。交通事故や脳卒中などの後遺症で、外見は以前通りであっても、ちぐはぐな言動が目立ったりする。そのひとつに妄想がある。「ぼくは車が好きで、レーサーになりたいな」と思っていると、そのうち「ぼくはA級ライセンスを持っているよ」と言い出したりする。もちろんそんな免許は持ってはいないのだが。

英則さんの場合も、そうした障害が出ていたのだろう。

そうこうするうち、文章がすらすら書けるようになった。手作りの文字盤も、ローマ字入力するパソコンのキーボードに倣ってアルファベット表記となった。

プリンと言えば、英則さんは十八歳になるまで、言葉で具体的なコミュニケーションがとれなかったため、笑い話のようなエピソードがある。

両親は、食の細い英則さんの好物を探そうと、各社のヨーグルトやプリンなど、のどごしがよくておいしそうなものを、いろいろ食べさせてみた。その結果、「なめらかプリン」という製品を英則さんは残さずに食べることがわかった。智則さんは「これが好きなんだねと思って、近所の牛乳屋さんにわざわざ取り寄せてもらって、毎日届けてもらっていた」という。

というのも、ミキサー食にした食事を与えても、口から吐き出してしまうことが多かったのだが、このプリンを食べさせると、ほかのものも食べるようになったのだ。「だからつなぎとして、必ずプリンが必要だったのです」と見千子さん。

ということは、プリンが大好きだろうと、誰でも考える。ところが英則さんが見千子さんの介助を受けながら言葉をしゃべれるようになり、彼が友達と話しているとき、次のような会話があったという。

「ヒデくんはどうしてプリンばっかり食べているの？　そんなにプリンが好きなの？」

英則さんは、見千子さんの顔を見ながら、言っていいのかどうしようかと悩みながら、思い切って言った。

「プリンしか出てこないから」

これには見千子さんが驚く番だった。

「だって、プリンを食べないと、ほかのものも出しちゃうじゃない」

これに対する息子の答えは、「食べたいと思うと出しちゃう」というものだった。英則さんによれば、「食べたい」と思えば思うほど、自分の意思に反して口から出してしまうのだという。それが何口か続いたあと、五、六口目でようやく食べられるようになる。ちょうどそのあたりで、両親は目先を変えようとプリンを持ってくるため、たまたまプリンを先に食べるようになったというのだ。

「こっちは完全に『プリンが好き』と思いこんで、逆に英則は『プリンしか食べさせてもらえない』と、ずっと我慢していて。それがわかったあとは二年ほど、プリンを食べることはなかったですね」

その日、取材で英則さんの自宅に伺っていた私の手土産は、デパートで購入した某有名シェフ特製のプリンであった。ちょっと気まずそうな私の顔を見て英則さんは、「最近は食べていますので」と、フォローしてくれた。

その言葉が意味するものは、英則さんは相手の気持ちを理解することができるということである。ちゃんと空気が読めるだけの知性と優しさを持っている。

一回かぎりの人生を生きる自信

「二〇一〇年の正月に親戚が会いに来てくれたとき、パソコンを広げて、新年の挨拶ができたのです。（家族以外の）ほかの人と対話したのは、これがはじめてでした」

文字盤を使った対話も進歩してきた。お風呂のなかで練習すると、浮力のおかげで指さしがしやすいことがわかり、介助の男性ヘルパーに頼むと、彼らも文字盤を使って英則さんとコミュニケーションがとれるようになった。いまは六人のヘルパーが文字盤で意思疎通をしている。私もその場に何度も立ち会っているが、ヘルパーたちは自然に文字盤を使って、英則さんの意思を確認している。

さらに、介助付きの指談はむずかしいとあきらめていたのだが、新宿サロンに参加するほかの子どもたちとコミュニケーションをとる必要にせまられ、練習するうちに「なんとなくわかるようになってきた」という。

「それまではずっと文字盤でしたが、指談のほうが楽になりましたね。何もなくてもできるから」

全部の言葉を書くのではなく、携帯電話の文字入力のように、推測しながら口頭で言葉を述べ、それであっているときは○、違うときは×を指談で示してもらい、×の場合には再度指談で書き直してもらう。

こうしてパソコン、文字盤、指談と、介助付きながらも様々な方法で会話ができるようになると、体調管理の面でも大きく改善されてきたという。

「発作がおきた場合も、『右の頭が痛い』とか『左から痛くなった』とか、『きょうの発作は右から左に移った』とか。先生がすぐに脳波をとってくれて、『確かに二種類あるよ』と言って、適切な処方をしてくれる。あるいは、『きょうはだるい』と教えてくれる日は、やがて熱が出てきたり。マッサージも、自分でどこをしてほしいかが言えるようになりました」

こうして里見さん親子も指談や文字盤を使った会話が可能となり、参加者の意欲の増加もあって学習会サロンは活発なものになっている。

私が取材で伺った二〇一二年（平成二十四年）八月の会には、脳性まひや自閉症、重複障害などの当事者とその家族、あわせて四十人が参加し、会場が手狭となるほどの盛況ぶりだった。この日のテーマは「自立」だった。当事者の人たちは、通訳の手を借りて、自分の意見を述べるのである。親元を出てアパートでヘルパーの介護を受けながら一人暮らしを始め、今年で十年になるという女性は、障害のある自分たちにとっての自立の意味を、次のように語った。

「私の自立生活のいいところは、何よりもまず自由があるということです。以前は朝になれば起きろと言われ、夜になれば寝ろと言われ、自由はないに等しかった。いまは物を買いにいっても自由に選べる。たとえばラーメンを買いにいっても味噌ラーメンでも塩ラーメンでもどちらでもいいのですが、選ぶ自由は私をとても幸せにしてくれます。味噌ラーメンを選ぶ自由というと、とてもちっぽけなことのように思われるかもしれませんが、幸せはそんな小さなところに隠れているのです。私は私の一回しかない人生を一人暮らしの道に賭けましたが、このことをみなさんにお話しできて、とても感激しています。大げさに言えば、私はあした死んでも構いません。とても充実したいい人生だと思います。それは一人暮らしが幸せで、一人暮らしをしなければ幸せではないということではない。ただ、選ぶ可能性があることを共有していきたい。私たちはいつでも一人暮らしをしたいと思えばできるという可能性を持っている。貴重な一回限りの人生を生きているのだと自信をもって言える」

ほかの誰のものでもない、自分の人生だから、自分で決める。それは障害があろうがなかろうが、誰にでもあてはまることである。

彼女は一人でものを考える時間が好きだという。

「夜、一人で考える時間こそ、私たちの心を研ぎ澄ます。なぜうまれ、どうやって生きてきたか。生きる意味を問われれば、いつでも即座に答えることができる。生きるとは、人とともにあることというと、とても単純ですが、それは私が一人暮らしの生活を通して得た真実なのです」

投票完了まで四十分

二〇一〇年（平成二十二年）、英則さんは満二十歳になった。有権者となり、選挙で投票できる権利を得たわけである。国民主権は、基本的人権の尊重、平和主義と並んで憲法が掲げる三大原則のひとつであり、参政権はその重要な柱である。障害者基本法には、「全て障害者は、社会を構成する一員として社会、経済、文化そのほかあらゆる分野の活動に参加する機会が確保されること」とされている。しかし障害のある人たちの参政権は、十分に保障されているとはいいがたいのが現実だ。

国連が二〇〇六年に採択した「障害者の権利に関する条約」の批准に向けて、政府は「障害者差別禁止法」の制定を検討するなど、国内法の整備を進めているが、労働環境の改善整備や、学校における分離教育の解消など、課題は山積している。二〇一三年（平成二十五年）に公職選挙法が改正されるまで成年後見人をつけると、選挙権が奪われる制度が続いたが、公正性を求めるあまり、規制でがんじがらめになっている選挙システムの改革もそのひとつである。

障害者の権利に関する条約の第二十九条「政治的及び公的活動への参加」では、「締約国は、障害者に対して政治的権利を保障し、及び他の者と平等にこの権利を享受する機会を保障する」と明記したうえで、「投票の手続き、設備及び資料が適当であり、利用可能であり、並びにその理解及び使用が容易であることを確保する」、「必要な場合には、障害者の要請に応じて当該障害者が選択する者が投票の際に援助することを認めること」などが規定されている。いずれも日本の現状では不合格だ。

英則さんの場合はどうだったのだろうか。公職選挙法には、身体が不自由なため投票所に行けない人を対象にした郵便などによる不在者投票という制度があるが、自分で投票用紙に記入できることが基本である。別の人に記入してもらう代理記載という制度もあるのだが、対象者は身体障害者手帳などで「上肢又は視覚の障害の程度が一級」と限定されている。英則さんは座位がとれることなどから身体障害者手帳は二級であり、郵便による不在者投票は使えない。

だが、文字盤による意思表示ができるようになった英則さんに、使える制度があった。それが代理投票という制度である。総務省によると、代理投票は、投票用紙に文字を記入できない選挙人のための制度であり、投票管理者に申請すると、補助者二名が定められ、一人が選挙人の指示に従って投票用紙に記入し、もう一人が、指示どおりかどうか確認する。

英則さんが体験した最初の選挙は区長選挙だった。投票所では、母親であっても投票の介助はできない。その代わりに、区の職員が英則さんに付き添って投票の手助けをする。立候補者は五人だったが、貼ってあるポスターをはがしてきて英則さんに示し、どの候補者に投票したいか確認する。もう一人の職員が同じように英則さんに確認を求める。英則さんが指で候補者を指し示して、二回とも同じ候補者だったため確認がとれた。意中の候補者名が記載された投票用紙を職員が投票箱に入れて投票が完了した。

たいへんだったのは区議選だった。二〇一一年（平成二十三年）に行われた新宿区議会議員選挙の候補者は六十二人にのぼった。どうしたかというと、候補者を五人ずつのグループに区切り、投票したい人がそのなかにいるかどうか、○か×で確認していった。ところが介助するのは、いつもの慣れた見千子さんではなく、不慣れな区の職員である。英則さんの意思表示を見逃したりしてなかなか確認がとれず、投票が終わるまで四十分もかかったという。それでも母親ではなく、第三者によって英則さんの意思が確認されたのだ。最初は戸惑った区の職員も、その後は笑顔で対応してくれたという。こうして有権者としての権利を行使できるという事実が、英則さんにとって大きな励ましになっているだろうことは想像に難くない。

肩書きは「愛の伝道師」

英則さん親子は、学習会サロンのほかにも、一般の子どもたちを対象にした「よりみちサロン」という催しも主催している。養護学校時代に学校に通うかたわら、放課後の活動として二〇〇五年（平成十七年）から始めたものだ。新宿区内の児童館の一室を会場に、毎月一回、開いている。

呼びかけのチラシから一部を紹介しよう。幼稚園児にも読めるよう、かな書きにしてある。

「よりみちサロンは、しんじゅくようごがっこうに　かよう　こどもたちが、がっこうのかえりに　よりみちをして、じどうかんのこどもたちと　いっしょに　たのしく　あそべる　サロンです。しょうがいが　あっても　なくても　みんなで　いっしょに　たのしく　あそびましょう」

英則さんたち障害のある人が中心となり、親やボランティアの人たちがかかわって運営する。児童館で遊ぶ子どもたちが参加して、わきあいあいと楽しい時間が流れる。

私が参加した日は、英則さんたち障害のある人たちと子どもたちとのジャンケン大会が行われた。英則さんはボードで○×△と書かれたマークを指し示すことができるので、それをグー、チョキ、パーに見立てて、子どもたちとジャンケンするのだ。勝った子どもたちには、おやつがもらえるという特典もある。子どもたちは、ふだんは会う機会のない重度重複障害のある人たちと自然な形で接しながら、障害があることの意味を理解するようになる。

別の日にも参加してみると、音楽療法士で、英則さんとは十年来の友人である西村直人《にしむらなおと》さん（四十九歳）がゲストだった。西村さんはキーボード奏者として、中西圭三や永井真理子、石川さゆり、阿川泰子ら多数のトップミュージシャンと共演した経験のある一流の音楽家であると同時に、音楽療法の実践家でもあり、いただいた名刺の肩書きは「絵本歌作家」となっている。西村さんと英則さんは、絵本を音楽で読み聞かせする「絵本ライブ」という企画で知り合ったのだが、二人は意気投合し、ほかのメンバーとともに二〇一〇年、「えほんうた・あそびうた」というNPOを設立した。

NPOの目的は、音楽を通して「わらべごころ」を多くの人に感じてもらい、「世代をこえて楽しめる音楽があふれる楽しい世の中にすること」である。そのための絵本ライブや遊び歌ライブを全国で行い、絵本や児童詩に曲を付けた歌、親子や保育現場での遊び歌を広めていく活動を続けている。将来は、地域に開放されたミュージックスペース併設のモデル保育園を作ることが目標である。

このNPOで代表理事を務める西村さんは、英則さんが文字盤や指談などで言葉によるコミュニケーションをとれるようになる前から英則さんと接しているが、言葉がなくても思いは通じていたという。

「しゃべれるとかしゃべれないを超えて、音楽って本当に伝わる。（英則さんは）場の空気をなんとなく感じ取るのです」

英則さんが文字盤や指談で語りはじめて、どう感じたのだろうか。

「基本的にはびっくりしました。ふつうにびっくりしましたけど、音楽を通じてわかち合ってきたものが変化したわけじゃないのです。こんどはしゃべれるとわかったから、これまでやってきたコミュニケーションが、がらっと変わるということもないのが、音楽のすごいところかな」

このＮＰＯで英則さんは「愛を伝える業務担当」の社員という役割である。肩書きは「愛の伝道師」だ。

「何より音楽って、いろんな壁を乗り越えていける。障害があるとかないとか、国が違うとか、肌の色が違うとか、いろんな壁を、どんどん越えていける。そのメッセージを英則さんはすでに持っている。英則さんの人生が、その壁をどんどん越えていっている人生です。音楽の本質を体現されているのが、英則さんなのです」

西村さんは英則さんとの付き合いのなかで、自分を自由にし、みんなを自由にするということを学んだという。よりみちサロンでは、おとなも、子どもも、障害がある人も、そうでない人も、みんな心から楽しそうにしている。私も一緒に楽しませてもらった。

英則さんがＮＰＯのホームページに載せている自作の詩がある。ビートルズの「オール・ユー・ニード・イズ・ラブ（愛こそがすべて）」を彷彿とさせるような、愛にあふれた詩を、この章の最後に紹介しておきたい。

あいがたくさんあつめられることができそうです
あいをたくさんとどけることができそうです。

あいをとどけることができれば、
みんながしあわせになります
あいがたくさんあれば
みんながしあわせになれます。
こどもたちがあんしんしてうまれてくることができます。
こどもたちがあんしんして
いきていけるようになればぼくはうれしいです。
そんなよのなかになるようにぼくもがんばります。
みんなといっしょにがんばれば、
そんなよのなかが、
あいであふれるよのなかがくるとおもいます。
あいのでんどうしとしてぼくたちができることをやりましょう。
あいがぼくのいきるちからです。
あいをとどけるしごとができてうれしいです。
あいをありがとうございました。
あいがあればきっといいことがおこりますから

きっとだいじょうぶです。
たのしみです。
あいをとどけていきましょう。
あいがあるからいいしごとができそうです。
あいのあふれることばで
うたをつくれたらいいとおもいます。

第二部

開かれる扉

第六章　「奇跡の詩人」論争

疑惑と批判が火を噴く

私がこの本の取材に取りかかって「あれっ？」と思ったのは、話を伺おうとしても、取材に応じることにかなり慎重な方が多く、なかには警戒される当事者や家族の方も、けっこういらっしゃったことだった。それでも私の意図を詳しく説明すると、ほとんどの方は理解してくださり、取材に協力してくださったが、特に学校の先生は、「取材には応じるが、実名がわかるような情報を載せないでほしい」と要望される場合が多かった。なぜそんなに神経質になっているのか、理由をたどっていくと、かつてNHKで放送された「奇跡の詩人」というテレビ番組に行き着いた。この番組をめぐってひと騒動起き、それをきっかけに、少しでも似たような事例が報道されたりすると、インターネットのブログや掲示板などでバッシングされるという現象が起きていて、関係者は無用の騒動を起こさないよう、ナーバスになっていた。さらに言えば、私が今回取材していたるテーマをめぐっては、日本のみならず世界中で「真贋論争」が起きていたのだ。そこでこの章では、「奇跡の詩人」騒動を振り返ってみることにしたい。

「奇跡の詩人」とは、二〇〇二年（平成十四年）四月二十八日に「NHKスペシャル」の枠で放送されたドキュメンタリー番組「奇跡の詩人〜十一歳　脳障害児のメッセージ〜」のことである。主人公の日木流奈《ひきるな》さんは、生まれながらの病気のため、誕生直後に受けた手術の後遺症で、脳に障害を負った。重度の重複障害となったが、両親は彼が三歳のときから、ドーマン法による訓練を開始した。

ドーマン法とは、アメリカのグレン・ドーマン博士が開発した、障害のある人に対するリハビリのひとつである。そのドーマン法は、「ファシリテーティッド・コミュニケーション」（Facilitated Communication、以下FCと略す）という技法を取り入れている。直訳すれば、「支援されたコミュニケーション」である。これは、介助者が、支援される側の人のわずかな手の動きを感じ取り、キーボードなどによる文字入力の手伝いをしながら、文章表現を行うものだ。

このFCによって綴られた流奈さんの文章には、強いメッセージが込められている。彼が八歳のときに出版された『はじめてのことば』には、次のようなくだりがある。

「肉体の不自由はより私の心を自由にしました。すべての出来事は、あなたの心の持ち方一つで変わります。不幸は幸福に、悲しみは喜びに。愛を、ただ穏やかな愛を示し続けませんか？」

番組の放映と同時期に出版された『ひとが否定されないルール』はベストセラーとなった。

「私は条件をつけずに愛されました。このまんまの私を受け入れてもらえました。脳障害であることは大変ではあるけれど、私の存在を否定する材料にはなりえませんでした。

そして、そこから始められた私は、それ以後もだれかと比較されたことはなく、テストをされたこともなく、きのうの自分よりあしたの自分が優秀になっていればいいという思想のもと、育てられました。

私は常に成功者でした。私自身において。だれかと比べてでは決してなかったのです。私は私自身でありさえすればよかったのです」

ありのままの自分でいればいいのだという、自己肯定のメッセージを、重度の障害がある、しかも年端もゆかぬ少年が発したということに、多くの人びとが驚き、感動した。

ところが、番組の放送直後から、放送内容に批判的な意見がNHKに多数寄せられたのである。週刊誌にも、番組や著作に対する懐疑的な記事が掲載され、『異議あり！「奇跡の詩人」』と題する単行本が緊急出版されるほどの騒ぎとなった。

その単行本に収録されている『週刊文春』（二〇〇二年五月一六日号）の記事から、ポイントとなる箇所を引用しておきたい。

番組の主人公は、重い障害を持つ十一歳（現在は十二歳）の少年・日木流奈君。立つこともしゃべることもできない彼は、五十音の文字盤を指で示すことによって〝会話〟をする。二千冊にもおよぶ哲学書や天文書を読んだ流奈君は、これまでに詩集やエッセイを出版し、それが疲れた大人たちを癒し、涙と共感を誘っている――という内容だ。

「信じられない」声が噴出した理由の第一は、この〝会話〟にある。母親の千史さん（三十八）が流奈君を抱きかかえ、右手に文字盤を持つ。左手で流奈君の左手首を支えながら、中指の指す文字を読み上げていく。それを父親の貴さん（三十四）がパソコンに打ち込んでいくのだが、流奈君の指差すスピードが恐ろしく速いのだ。

さらに不思議なのは、千史さんが、右手の文字盤をも激しく動かすことだ。文字盤を動かして流奈君の指に押し当てていくようにさえ見える。

「文字の配列を覚えている」という前提はいいとして、パソコンや電卓のブラインドタッチはキーボードが固定されて初めて可能なはず。流奈くんが文字盤から目をそらしたり、目を閉じた状態でも休みなく動くその指は、文字盤の上の小さなマスを的確に示しているのだろうか。

日常的に障害児のリハビリに携わっている理学療法士は、こう感想を述べた。

「頭部を自由に動かせないお子さんがあの速さでポインティングができるというのは、運動発達の観点からすればありえません。また表現する内容も、暑いとか寒いとか汗をかいたなど、例外なく感覚や身体を使う喜びを表すもので、抽象的な思考をするなど考えられないことです」

専門家が見ても、「千史さんが書いているのでは……」という〝ヤラセ疑惑〟の生じる余地があるわけだ。

記事は、流奈さんが取り組んでいたドーマン法と呼ばれるリハビリプログラムそのものの問題点についても言及する。専門家により様々な問題点が指摘されているうえ、費用は相当高額となる。『週刊文春』の記事では、ドーマン法に参加した母親の、次のようなコメントを紹介している。

負担が大きいので止めたんです。最初に神戸まで五日間の講習を受けに行きましたが、費用が八十万円。その際、「三パーセントしか治らない」という説明を受けました。半年に一度、本部のあるフィラデルフィアへ行って診察を受けるのに百万円です。労力面でも家族の負担は大きく、大人三人がかりで、朝から晩まで分刻みのスケジュールをこなし、さらに報告書を書くのです。流奈君は養護学校に通っていないそうですが、我が家も同じでした。スケジュールがびっしりで、学校へ行く暇がないんです。

さらに記事は、流奈さんの記述する文章の内容についても言及し、神や宇宙、精神世界など、いわゆるニューエイジ系のテーマと用語に満ちているとしたうえで、「自らの判断基準を持たない子供に、特定の思想を植え付けることがあってはならない」と断じている。

以上が、『奇跡の詩人』に対する批判の要点である。

語りつくされていなかった論争

これに対してNHKは、番組の担当プロデューサーを出演させて反論番組を放送した。まず、「本当に文字を指しているのか」という疑問に対しては、スローモーションの映像を紹介しながら、確かに文字を指していると主張した。次に、書いているのは本当に本人なのか、という疑問に対しては、「流奈君だけが知っていて、お母さんが知りえない話を流奈くんがいつもと同じ速さで文字盤を指し示すということが何度かあったんです。こうした状況の積み重ねから私たちは流奈君自身の意思や理解力が確かにあると確認しました」（『異議あり！「奇跡の詩人」』巻末資料より）と反論した。

その後も週刊誌は批判記事を掲載し、これに対してNHK側は記者会見などで、自らの番組の正当性を繰り返すという応酬が続いた。インターネットの「2ちゃんねる」などの投稿サイトでは、この問題に関する様々な意見が寄せられ、一時は大いに盛り上がったが、結局、それぞれの言い分をそれぞれが言いっぱなしという状態で、この騒動は収束した。

論争の争点を整理してみると、以下のようになるだろう。第一に、障害のある人を援助するFCという方法の是非である。第二に、障害のある人をトレーニングするドーマン法の是非だ。第三に、本人の思想に関する洗脳、あるいは強制性の有無である。これらの争点は、それぞれ別の問題であるはずなのに、テレビで放映された少年のインパクトがあまりに強烈だったため、批判する立場の人は、ドーマン法はもちろん、FC、そして少年や家族を、怪しげで胡散臭いと感じ取ったのだろう。彼らはそれらすべてを「否定」したのであり、そう考えてみると、『ひとが否定されないルール』という本のタイトルは、この騒動を予感していたようにも思えてくる。

ここで、この問題に対する私の立場を述べておきたい。仮に、「少年の側に立つのか、それとも否定する側に立つのか」という二者択一の質問を突き付けられたとすると、取材が本業であるジャーナリストとしては、「その質問には答えようがない」と言うしかない。

私は当事者や関係者に取材を申し込まなかった。なぜかと言えば、その必要性を感じなかったからだ。本書の目的は、過去の問題の是非を検証することにあるのではなく、「言葉など持っていないとされる人たちに、本当に言葉がないのか」という疑問に対する答えを得ることである。その答えが得られれば、過去の個別の問題は、もし必要があれば、そのときに改めて検証すればよいのだ。

そのうえで、本書のテーマと深く関連するであろうFCについて考えてみたい。

個別の例から全体を推測するのは帰納法だが、ひとつの事例だけで一般的な原理を導き出すことはできない。しかし裏返して言えば、複数の事例を検討すれば、帰納法的推論は成り立つ。であるなら、ほかに類似のケースがないかどうか、調査し検討するのは意味のあることだろう。そこでFCについて、「奇跡の詩人」論争以外に日本内外でどのような歴史があったのか、調べてみることにした。

第七章 真贋論争の向こう側

ドーマン法の光と影

ＦＣを検討する前にまず、ＦＣとの深いかかわりが指摘されるドーマン法について、概要を紹介しておきたい。ドーマン法とはアメリカの理学療法士であるグレン・ドーマン博士が提唱した、脳に障害のある人に対する治療プログラムで、いわゆる民間療法のひとつである。

ドーマン博士の著書やドーマン研究所のホームページによると、フィラデルフィアにある人間能力開発研究所（通称・ドーマン研究所）は脳障害治療の研究を目的に、一九五五年に設立された非営利の教育組織であり、「研究所が開発してきた概念や方法をご両親に指導することにより、脳障害児の回復に成果をあげています」と記されている。研究所ではその後、このプログラムを、一般の子どもたちに対する英才教育にも応用するようになっている。

その基礎となる理論は、きわめてシンプルだ。私たちの脳は、健康な人でも八〇パーセント以上が使われていないままだとしたうえで、脳に何らかの障害を負った人は、まだ使われずに残されたままの脳を活性化し、傷ついた部分の肩代わりをさせることによって機能回復をはかるというものである。確かにこの考え方自体は間違ってはいないだろう。というより、理学療法の基本でもある。重い障害を負って、わらをも摑む思いでドーマン法に取り組み、一定の成果をあげたという家族の報告も少なからず存在する。

その代表例として、競馬の騎乗中に落馬し、瀕死の重傷を負った騎手、福永洋一さんの取り組みが有名である。福永さんは九年連続で年間最多勝利し、天才の名をほしいままにしていたが、一九七九年（昭和五十四年）、兵庫県宝塚市の阪神競馬場で行われていたレースの騎乗中に落馬し、瀕死の重傷を負った。生命の危機を脱したあとも、福永さんの意識ははっきりしない状態が続いていた。そんななかで出会ったのが、ドーマン法だった。事故から二年後に福永さんは、裕美子夫人、夫人の父親の北村洋一さんとともに渡米し、ドーマン博士の研究所でリハビリプログラムを受講した。その際、担当の脳外科医と交わした会話のエピソードを木本正次著『騎手・福永洋一　奇跡への挑戦』から引用する。

「先生、洋一には……意識はあるのでしょうか、ないのでしょうか？」

するとと医者は、言下に答えた。

「意識？　それは、無論あります。この患者には、混濁はしているが、十分の知性がありますす」

「ええっ⁉」

北村も裕美子も、驚いて声を上げた。日本では、洋一は植物状態を、ようやくにして脱したばかりだ、と教えられていた。知性がある、などとは、夢にもいってもらえない状態であった。

その後、福永さんは厳しいリハビリプログラムに取り組み、一年後には「おはよう」と挨拶ができるようになり、さらに事故から五年後の一九八四年（昭和五十九年）には、再び鞍にまたがって馬上の人となるほどに回復した。再び木本著からの引用である。

広い馬場の片隅に、直径三十メートルほどの小馬場が作られていて、フミノキャプテンはその馬場をゆっくりまわった。初めの一周目は洋一は身体が硬く、馬の動きにつき切れずに、ぐらりのけぞったりしたが、二周目からは落ち着いた。

三周目になると、厩務員はくつわから手を離し、洋一ひとりで馬を操った。

四周目、五周目になると、洋一の上体の揺れが、馬の揺れになじんで来た。もう、騎手の乗り方そのものであった。

この本では、福永騎手の社会復帰に関して、ドーマン法は好意的に評価されている。確かに奇跡的な回復であり、それにドーマン法が何らかの寄与をしたのではないかと思わせられるケースである。
別のエピソードを紹介しよう。「脳性まひで、母で妻」というサブタイトルが付いた『三重苦楽』という本の著者、大畑楽歩《おおはたらぶ》さんだ。京都生まれの大畑さんは生後二週間で食道手術のあと一時的に心拍停止となり、その結果として脳性まひとなった。楽歩さんは両親とともにドーマン法を受講した。著書から一部を引用したい。

両親は私が7歳になったとき、ドーマン法というアメリカ生まれの治療法の存在を知ると、何かに取り憑かれたかのように自分たちの人生のすべてをかけて、世界一厳しいとも称される、24時間態勢のリハビリに取り組み始めました。脇目もふらず、ただ娘の私が健常者になれることを信じて、約6年間もの年月を費やしてくれたのです。
この訓練でてんかんの発作がなくなったり、呼吸がうまくできるようになったので、風邪をひく度に併発していた気管支炎にもなりにくくなりました。手先の機能がかなり改善された結果、人さまに読んで理解していただけるような字が書けるようになりました。

しかし楽歩さんはドーマン法をもろ手をあげて賞賛しているわけではない。むしろ当事者として、是々非々の立場で感想を述べている。

実は私も……福永さんと流奈くんのあいだの期間に「奇跡のラブちゃん！　驚異の回復‼」な～んて1980年代後半頃、騒がれまして、一時は新聞・テレビ・週刊誌に大きく掲載されたのですよ。ドーマン業界では〝ラブちゃんフィーバー〟が巻き起こったぐらい⁉　なのですから。

確かに、私もドーマン法によってめざましい回復を遂げた一人であるといえると思いますが、それは奇跡でもなんでもなく、大きな犠牲のもとに成り立つ（犠牲と引き替えに得られる）僅かな成功に過ぎないのです……。（月刊『記録』ホームページより）

彼女は「大きな犠牲」と書いているが、重い障害のある人にとって、かなり過酷な訓練のようだ。彼女の著書からリハビリの一部について引用しておこう。

具体的なリハビリ内容は、障害児（者）本人が、腹ばいやハイハイなどの運動メニューをただひたすらこなしていくというものです。自力で動くことが困難な子どもたちでも基本的に訓練内容は変わりません。

まずは滑りやすいナイロンの服を着せ、傾斜板といわれる滑り台のような板の上に、うつ伏せに寝かせます。すると嫌でも勝手に滑り落ちていくので、ここで前に進む感覚を覚えさせます。そして徐々に傾斜を低くし、服も滑りやすいナイロン素材から綿の抵抗のかかるT

シャツへと変えていくといった具合に、プログラムが進められていくのです。

あくまで患者本人が取り組まなければならないリハビリ法であり、しばしば「訓練」と称されますが、まさにその言葉がぴったり。それをサポートするのはセラピストなどの専門家ではなく、その子のことを一番よく知っている両親でなくてはならないことも大きな特徴でしょう。

介助者の手が言葉を促す

ドーマン法では、言葉を発することができない人たちを支援する方法として、一九九二年にFC（Facilitated Communication）＝ファシリテーティッド・コミュニケーションと呼ばれる代替コミュニケーションを採用した。Facilitateとは、物事を「容易にする」、「促進する」、あるいは「手助けする」、「援助する」などの意味があり、FCを直訳すれば、「手助けされて促されたコミュニケーション」ということになる。「促進言語」と訳されたこともある。介助する人をファシリテーターと呼ぶことから、介助付きコミュニケーションとも呼ばれる。

そもそもは、一九七九年にオーストラリア、ヴィクトリア州メルボルンのセント・ニコラス病院で働いていたローズマリー・クロスリーによって考案された技法で、口で話すことができず、自力で文字を指し示したりもできない人のために、手や手首、腕などを支えてやることでキーボードによるタイピングを可能にしたものだ。介助者が、当事者のわずかで微妙な手や指の動きを感じ取り、文字入力する手伝いをしながら、文章表現を行うのである。

クロスリーが著した『Annie's Coming Out』（『アニーのカミングアウト』未邦訳）は、アニー・マクドナルドとの共著であり、このアニーこそ、クロスリーが最初にFCを行った当事者である。それによれば、アニーは脳性まひで三歳のときから施設に入っていた。アニーには重度の身体障害があり、知的障害も重度と見られ、コミュニケーションもほとんどとれなかった。しかし彼女が十八歳のとき、施設を出ることになったのである。それは病院のスタッフであったローズマリー・クロスリーが、痙攣でふるえるアニーの手を支えながら文字や単語を指さすことからはじめ、ついには文章を書いて自己表現できるようになったからである。ヴィクトリア州の裁判所も、彼女が介助を受けてコミュニケーションをとることができ、自分のことを自分で管理することができると裁決した。それは障害のある人たちの潜在的な能力や、基本的な権利に対する根本的な再評価となったと、著者は述べている。

アメリカ・ニューヨーク州にあるシラキューズ大学特殊教育学部教授で、障害のある子どもたちに対する教育法を教えているダグラス・ビクレンは、クロスリーの著書を通じてFCを知り、一九八五年にオーストラリアを訪れて、クロスリーやアニー・マクドナルドと面会した。そしてFCが有効に機能していると判断した。その後もたびたびオーストラリアを訪れてクロスリーやその教え子たちと接したビクレンは、一九九〇年にFCに関する論文を発表し、アメリカでFCをはじめて本格的に紹介したのである。

アメリカでもFCはただちに評判を呼び、各地で講習会などが開催された。アメリカ在住のカニングハム久子さんも、講習会に参加した一人である。

カニングハムさんの肩書きは、日本ではあまり馴染みのない「コミュニケーション・セラピスト」である。障害のある子どもたちに対する教育に長年取り組んできた実績があり、日本で出版された著作も数多い。

その経歴はとてもユニークだ。生粋の日本人として一九三四年（昭和九年）に長崎県で生まれた久子さんは、京都の女子大を卒業してバス会社に就職する。しかし業務中、大型バスにひかれて車いすでの生活を余儀なくされる。障害のある人たちに対する差別に絶望し、日本にいては自死するしかないとまで思いつめた久子さんは、日本を離れてアメリカに渡り、以来、四十年以上にわたってコミュニケーション・セラピストとして、自閉症をはじめ、さまざまな障害のある子どもたちを手助けする活動を続けている。

身体が不自由というハンディキャップがあり、さらに英語が母国語ではないカニングハムさんが、アメリカで障害のある子どもたちのコミュニケーションを手助けする仕事を選ぶという逆転の発想には驚かされる。彼女の著書を読むと、自らの過酷な経験をあるがままに受け入れたうえで、困難を乗り越えようとするカニングハムさんの努力と、誠実な人柄が感じられる。さらに彼女を手助けする周囲の人びとや社会のあり方がうかがえて、彼女の文章は読者を勇気付けるパワーに満ちている。

そんなカニングハムさんは、アメリカにおけるＦＣ事情にも精通している。一九九五年に日本の教育雑誌で「ＦＣを巡って──アメリカの五年」という記事を発表されたが、紙面の都合で省略された箇所も多かった。私はカニングハムさんにメールで連絡をとり、その元となった原稿を引用する許可をいただいた。アメリカにおいてＦＣが最初どのように称揚され、その後批判されたのかを具体的に知ることができるからであり、抜粋して紹介したい。なおカニングハムさんは、人名のビクレンについて、現地読みにより近いビクリンと表記されている。

まず彼女がＦＣの講習会にはじめて参加したときの様子について「講義室は立錐の余地もないほど混んでいた」、「講師が提供した資料や話の内容は、信じられないほど衝撃的であり、ＦＣのFACILITATOR（介助・訓練者）としての訓練を受けてみたいという欲求を起こさせるに十分であった」と回想している。

その講習会で使われた資料の内容である。「コミュニケーションに問題のある発達障害者たちの多くは、表現方法につまずいている」、「彼らは考えや意図を話ことばに置き換えることができない。しかし、助けを借りれば字を指差し、ことばを綴り、句や文を構成することができる」とする。具体的な方法としては、「始めに、クライアントの手の上にFacilitator（以後、ＦＣ介助者）の手を重ねたり、あるいはクライアントの腕を支えたりして、指差す毎に、クライアントの手を後方へ引っ張り、その動きを少しずつゆるめ、人指し指を立てさせ（文字のキーを叩くのは人指し指・訳者注）、常に、激励や確認のことばをかけてやる等を組み合わせる。時間がたつにつれて、直接的サポートを減らし、クライアントの肩に手を乗せるだけで効果を発揮するようになる」というものだった。

ニューヨーク市の教育委員会は当初、関係者、特にスピーチ・セラピストたちに、FCの習得を奨励していたという。

FCは「まやかし」である？

カニングハムさん自身はFCについて、「自閉症児・者が既に内言語を培い、表象文字に馴染み、話の聴解力を有しているにもかかわらず、口話能力や書く技術に欠けている場合、FCは突破口になるであろうことが予想できる」と感じたという。

その一方で、「FCをどんな障害者にも向いていて、どんなに重い知的障害者も習得できる、最高の救済法であるという主張には大きな危険を感じた」として、FCが万能の切り札であるかのような、FC紹介者の姿勢に疑問も呈している。やがてカニングハムさんの懸念は現実のものとなった。以下はカニングハムさんの記事からの引用である。

果たしてFC方法の効果に疑問をはさむ調査報告が散見されるようになった。（中略）そのひとつにジーナ・グリーン博士（E・K・シュライヴァー・センターの心理専門家）の調査報告がある。彼女はFCでコミュニケーションをとれるようになったといわれる、一三六人の自閉症児・者と精神遅滞児・者を対象に査定した結果、一人もその申し立てに値する成果を示さなかったと、報告している。

基本的にこうしたVALIDATION（確認作業）を通して分析した点は、「被験者と、被験者の手指の制御を助けているFC介助者の、どちらが答えたのか？」にある。

バーバラ・モンティーたちの、FC方法で流暢にコミュニケートできると保証された中度から重度の精神遅滞者七人を対象に行われた確認調査によれば、七人のFCはすべてFC介助者にコントロールされていたことが明示されている。

テストは次のような条件の下で実施され、それぞれの結果が比較、検察された。

＊被検査者とFC介助者が同じ課題を知っている

＊被検査者だけが課題を知っている

＊FC介助者に誤った課題を与える

テストの結果、被検査者とFC介助者が同じ課題を知っていた時のみ、被検査者は正しい答えを出した。FC介助者が知らなかった課題に対して、被検査者たちはひとつも正しい答えを出すことはできなかった。FC介助者と被検査者それぞれに違った絵を見せたところ、FC介助者の見たものが被検査者の答えとして現れた。（中略）

類似の報告は数あるが、いずれもテストの方法は似通っていて、被験者とFC介助者に同時に別々の違った絵を見せ、その名称や絵の叙述をさせている。そのとき両者は隣の絵を見ることができないような配置になっている。ところが、こうした確認テストでは、全て介助者の見た絵が被験者の答えとして出た。従って、調査者たちは「FCは〝まやかし〟である」と結論づけたのである。

カニングハムさん自身も、FCに対して疑問を持たざるを得ない現場に立ち会ったことがあるという。FCが批判にさらされる経緯も詳しく紹介している。

研修会で見たFC訓練ヴィデオでも、自閉症児の目はあらぬ方向に向いているのに、その手指をしっかりと握りこんでいるFC介助者の手は、文字盤の文字にちゃんとタッチして、文章を繰り出していた。疑惑を抱かないほうが不思議というものだ。事実、参加者の間からそのことに対する質問が出た。講師の返事は「自閉症児の目の使い方は我々のそれとは違い、とても素早く正確に文字を捕らえているのです。私たちは、ただ児童の運動機能を統合させる介助をしているだけなのです」であった。正直言って、（ホントかな？）というのが私の感想だった。少なくともヴィデオの中の児童たちの殆どは、チラとでも視線を文字盤に走らせるような気配すらも、見せていなかったからである。

従って、多くのFCユーザーと見なされている、自閉症者のコミュニケーション技能確認報告（VALIDATION REPORT）の否定的な結果に、驚きを覚えるようなことはなかった。

しかし、ＦＣに関心を抱いていた他の人々の間には、驚きと共に「まやかし」に踊らされたという反応が広がっていったのである。

先述した「奇跡の詩人」騒動を彷彿とさせる記述である。アメリカは訴訟社会であり、たちまちＦＣをめぐる多くの裁判がまき起こることになった。

これまでに、ＦＣ発案者のローズマリー・クロスリーのDEAL Communication Centreは三十四か条もの管理違反で召還されている。

ＦＣをアメリカに導入したビクリン博士も訴訟されて、渦中の人である。

ニューヨーク州だけでも、親権者がＦＣ介助者、ＦＣ訓練者、ソーシャル・ワーカー、および学校を相手に訴訟を起こしているケースは、五指に余るという報告がある。

連邦政府の通産局が、ＦＣ用のコミュニケーション器具を生産していた会社を、誇大宣伝の咎で訓戒する事件もあった。

マサチューセッツ州では、別れた夫と自閉症児の親権を争っていた妻が、ＦＣ介助をしながら作成したという、七十二ページにわたる夫に関するポルノ的な反訴文が、実は、時には眠っている子供の手を勝手に動かして偽造したものと、判明したケースがあった。

ミシガンでは、自閉症男性がＦＣ介助を受けていた時、介助者がこの男性の性的虐待（事実無根の）の訴えを取り上げて騒ぎを起こしていながら、同男性が腹痛を訴えた時は無視したために、脱腸のため死にそうになったとして、その保護者から訴訟されている。

アメリカの小児科学会や児童精神医学会議など、関連する専門家の団体は、「その有効性は科学的に証明されていない」として、ＦＣに対して否定的な見解を打ち出した。以上のような、ＦＣについてのテスト結果や、権威のありそうな学術団体の評価、それに訴訟の状況などを聞けば、一般の人たちは、ＦＣは眉つばものだと感じるだろう。

ただ、留意しておかねばならないのは、ＦＣを使う当事者は、脳に重篤な障害を負った人たちであるということだ。コミュニケーション以外にも知覚や判断力に障害がある可能性を否定できない。テストされることを嫌うということもあるかもしれない。そんな彼らに、杓子定規なテストはふさわしくないということも考えられる。

さらに「コミュニケーションとは共同作業」という視点に立って、ＦＣ否定論を批判する専門家もいる。「能力の証明の問題」ばかりに目を奪われてしまって、ＦＣの本質的な意味を見失っているというのだ。これについては、本章の後段の「不毛な論争を超えて」の節で詳しく紹介したい。

シャリーサとイアンの場合

私はメールで、現在のアメリカにおけるＦＣに対する社会的評価と、これに対するカニングハムさんの見解を伺った。それに対する答えは、次のようなものだった。

「ＦＣについては、もう話題にものぼらなくなっています。ＦＣの検証方法の不備と、介助者の成功をあせるやり方で、挫折させられたという感じがしています」

カニングハムさんは「挫折させられた」という表現を使った。裏返せば、成功をあせらずに、検証方法も吟味すれば、事態は違っていたかもしれないということだ。なぜ彼女はそう思ったのか。それは自らの体験で、ＦＣの有効性を知っているからだ。カニングハムさんは、次のようにも書いてくれた。

「中村様のメールを拝読してすぐ思ったことがあります。それはＦＣでコミュニケーション方法を獲得し、コロラド大学で心理学を専攻した Sharisa Kochmeister（私が勤めていた研究所の元患者）の追跡調査です。関心がおありでしたら、彼女を追ってみてください」

自閉症で、当時、十六歳のシャリーサとカニングハムさんは、ＦＣで対話したことがあるという。以下は再び、カニングハムさんの記事からの引用である。

彼女が私の研究所を訪れたのは、三歳九か月の時だったから、もう十三年にわたって、彼女の発達診断と観察に関わってきたことになる。

シャリーサの乳幼児期の言語の発達はノーマルに見えたが、一歳半から二歳にかけて少しずつ退化し、三歳ごろ完全にストップ。視線を避けたり、手をひらひらさせたり、ハミングのような音を出したりする特徴も備えたカナー症候群の典型である。一九九一年までに定期的に行われた学校と研究所の査定で、シャリーサがＩＱ三〇を越えることはなかった。要するに、それまでは『重度の広汎性遅滞』を持った人間であった。

ＦＣの訓練を受け始めたのは、九一年の十一月で、この方法に大いに懐疑的であった彼女の父親は、文字どおりしぶしぶとＦＣ訓練に娘を伴って通っていたが、道具にワープロを用いるようになってから、急に、シャリーサ自身が、内面的にかなりの言語能力を涵養していたことを、確信させるような反応を起こすのを目撃して以来、本気になって取り組み始めた。のめり込むうちに、彼はシャリーサにとってはかけがえのない『ベスト・ファシリテイター』として腕を上げた。

訓練が始まって一年が過ぎる頃から、シャリーサは、自分の手の上に父親が手をかざしているだけで、キーを叩き、文章を表すようになった。次第に父親が舌を巻くような文体や内容がスクリーンに現れるようになった。そこで一九九三年の初頭、あらためて査定が行われ、驚くべきことに、彼女の言語性は三十三歳八か月（ピーボディー・テスト）という結果が出たのである。誰もが愕然とした。

カニングハムさん自身が経験した事実のため、彼女にとっては疑問の余地がない事例ということになる。

カニングハムさんの報告以外にも、信憑性のあるアメリカの事例を紹介してみたい。アメリカ・コロラド州在住のラッセル・マーティンは、世界十五か国で刊行されるベストセラーとなった『ベートーヴェンの遺髪』、あるいは名画ゲルニカのたどった数奇な運命を描いた『ピカソの戦争《ゲルニカの真実》』など、丹念な取材に基づく重厚なノンフィクション作品を著している著名なジャーナリストである。その彼が著した『自閉症児イアンの物語』は、著者の甥であるイアン・マーティン・ドラモンドを取材した作品だ。

一九八三年生まれのイアンが一歳半になった頃、ほかの子どもたちとは違うことに両親は気が付いた。イアンは、「言葉を覚える気配を一向にみせず、想像しうるかぎりのあらゆる面で以前とまったく違った子どもになった」という。イアンは自閉症と診断された。小児神経学者の所見は、「印象としては小児自閉症で、重篤な運動性失語症の可能性もあると思われる。精神遅滞の疑いもある」というものだった。

そのイアンがFCではじめてタイプを試みたのは、一九九二年三月のことだった。一週間ほどパソコンのキーボードに慣れる練習をしたあと、画期的な出来事が起こった。その日の朝、父親とのドライブで見たものを母親が聞いたのに対し、彼女の手が添えられたイアンの指は、「こよーえ」とタイプした。コヨーテとタイプしようとして最後の文字を打ち間違えたのだが、母親はドライブに同行しておらず、この答えを知らない。
「イアンが言いたかった言葉をキーボードを叩いて綴ったのは、母親ではなくたしかにイアンだった」
その後もイアンはＦＣで自分の気持ちを綴り続けた。

「ひとは　じへいしょうが　あくむをみているようんな　ものだということが　わかってい
ない」
「なによを　まなぶにしても　これいじようないほど　くろうして　まなばなければならな
いが　たいぷのように　やさしいいことは　はじめてだ。もじをさすのはち　かんたんだが
ほかのことは　とてみもむずかしい」

ひらがなに誤字があるのは、原文に誤字があるからだ。脳医学にも明るいベテランのジャーナリストが親族を取材したイアンのケースも、シャリーサと同様、本人自身の記述である可能性が高いとみてよいのではないだろうか。

受け入れられたドイツ版「奇跡の詩人」

ヨーロッパでもFCが話題となる。ドイツでは自閉症の少年、ビルガー・ゼリーンがFCによって自らの思いを綴った日記、『もう闇のなかにはいたくない』が一九九三年に出版され、ベストセラーとなった。

本文に添えられた、ドイツ人ジャーナリストのミヒャエル・クロノフスキーの解説によると、一九七三年二月生まれのビルガーは、四歳で自閉症と診断された。彼はひと言もしゃべらず、ビー玉などをつかんではぱらぱらと落とす遊びを何時間でも続けるという毎日だった。思春期になると目に見えて落ち着きがなくなり、叫びの発作も起きるようになった。そんなビルガー少年がFCと出会ったのは十八歳のときだった。両親がアメリカの言語セラピストの講演でFCを知り、さっそく試してみたのだ。パソコン画面で文字入力を始めて十三日目、彼は母親に対し、次の文章をタイプしたという。

「ぼくは　かあさんが　すき」

ファシリテーターは母親である。はじめのうちは一晩かけて五行から十行打つのがやっとだったのが、調子がいいと一日に何ページも埋めることができるまでになった。

　ぼくはよくショックを受けた　みんなは　ぼくがなんでもわかるなんて思ってはいない
　だから　ぼくに聞かせてはならないことまでしゃべる

ぼくらはあらゆる場で感じすぎるんだ　ぼくは　いささか　聞きすぎ　見すぎる　だが感覚器官は正常だ　あいにく心の内部に混乱が起きている
言葉　文章　考え　それらがばらばらになり　ずたずたになっている
ごくかんたんなことさえ　重要な現実の外界との関わりを断たれているのだ
考え　それは心のなかのシステム同様まとめにくい

指一本でタイプされるため、原文はすべて小文字でかかれ、大文字や小文字の使い分け、ピリオドもコンマも、疑問符もない。

言葉ほどいとおしいものはない
言葉は人と人を結びつけ　われわれに尊厳と個性を与えてくれる
言葉がなかったら　ぼくの存在は無だ

解説を担当したクロノフスキーは、ビルガーと言葉について、次のように書いている。「ビルガーは身のまわりで起こったことをなにからなにまで正確に記憶しているだけではなかった――彼は五歳から読み書きができたのだ。ぱらぱらページを繰っていた、数え切れないほどたくさんの本も実際に読んでいたのである。ひと目見ただけで、ビー玉がひとつ足りないことに気づく『写真のような記憶』力のため、彼は一冊の本を読むのに数分しかかからなかったのだ――そのうえ読んだ内容について考えを巡らす時間ときたら、それこそ無限にあったのだから。頭のなかに蓄えていたものを知っているのは当人だけだった。（中略）無視され、誤解され、自分を傷つけられる苦痛にも黙って耐えなければならなかった。何年ものあいだ、こういう絶え間ない屈辱をこらえなければならなかった」

邦訳の翻訳者、平野卿子さんのあとがきによると、「九三年、ドイツを代表する週刊誌『シュピーゲル』は、ビルガーの文章を八頁にわたって引用し、『世界で初めての自閉症詩人の誕生』を讃えた」という。

ところがそのシュピーゲルが、本の出版から半年後に次のような記事を載せた。

「疑問に思うのは、これを書いたのがほんとうにビルガー本人なのか、ということだ。なぜなら、母のアンマリーがついているときにだけ、文字はきちんとした意味のある文章になるからだ」

さらに系列のテレビ局の番組は、「アメリカの調査では、自閉症者からのメッセージは本物でない、ということが証明されている」とし、ＦＣを批判した。

これに対して新聞をはじめとするマスコミは、いっせいにビルガー擁護にまわった。

「結局、『シュピーゲル』は、レポーターをふたりゼリーン家に送って、ビルガーが実際に書いているところを実地検分すると提案した。その結果、疑惑記事の二週間後『そもそもアンマリー・ゼリーンにこのような詩が書けるものだろうか？（……）ビルガーは自分の意思でキーを叩いているようにしか見えなかった』と記し、自らの主張を撤回することになる。

私見を言わせていただくなら、『シュピーゲル』がそもそもなぜこんな批判記事を思いついたのか理解に苦しむというのが正直な気持ちである。たしかに自閉症の障害には幅があり、ビルガーの使っているFCにしても、効果は人それぞれだという。だがビルガーにはまちがいなく有効だったのだ。彼の独特な発想や表現は、彼が『別の世界の住人』であることを疑いの余地なく示している」

翻訳者の平野さんに、改めてビルガーのFCについて疑問点がなかったかどうか、問い合わせてみたところ、以下のような返事をいただいた。

「今回お手紙を頂いて、当時のことをいろいろ思いかえしてみました。

FCについては、一般的には誤解されやすい面があるのはたしかで、なかなかむずかしいですね。ただし、あとがきにも書きましたとおり、ゼリーンの場合は有効だったのは間違いなく、当時助言を仰いだドイツ人のおふたりも、おなじ意見でした」

二人のドイツ人とは、立教大学でドイツ語とドイツ文学を講じているミヒャエル・フェルト教授、それに友人の音楽家で、二人とも、ビルガーと同じベルリン出身だったことも文章の細かなニュアンスを汲み取るうえで幸いしたという。

「とにかく彼の文章は『判じ物』といいたいほど解読がむずかしく、ネイティヴに読んでもらうことが絶対に必要でしたので。

おふたりともこういう文章が『健常者』にかけるとは思えない、という意見でした」

最近のビルガーについて聞いてみたが、新しい情報は得られていないという。

「彼のドキュメンタリが最近のYouTubeにあったので見てみましたが、残念ながら新しいものではなく、当時の映像でした。いまさらのように、これを初めて見たときの衝撃を思いだしました」

確かにその映像を見ると、ビルガーは自分で積極的に入力作業をしているようだ。本人の意思が感じられる。

「わたし自身、ＦＣはともすると介助者が（しらずしらずのうちに）書き手をリードしてしまう危険が潜んでいるという印象をもちました。ゼリーンについてはそう思わなかったのは、まず第一に文章の力、つぎには逆説的になりますが、彼の障害の重さゆえといっていいかもしれません」

ドイツでも「奇跡の詩人」騒動はあった。そしてドイツでは、奇跡の詩人は認められていた。


再びカニングハムさんの話を聞こう。彼女は私へのメールで、「私見ですが、一人でもこの方法でコミュニケーションを図ることができるなら、Isolated evidenceとして、評価するべきと思っています」と述べている。Isolated evidenceとは、「例外的な証拠」、「特異な証拠」ということだ。こうした自身の経験も踏まえながら、カニングハムさんはＦＣについての自身の考えを以下のようにまとめている。

「＊どんな方法も唯一最高ではない（誇大宣伝をしてはならない）

＊ＦＣ被訓練者とＦＣ介助者の選別が必要
＊ＦＣ介助者の未熟と行き過ぎを、ＦＣの効用と混同すべきではない
＊盲児に点字を、聴覚障害児に指文字や手話を教えるように、他の障害児には、文字を教え、句や文章の組み立てを指導するための、ひとつの方法として、ＦＣを試みる」

ＦＣが万能であるというＦＣ推進者のＰＲを「誇大宣伝」とたしなめたうえで、しかしＦＣ批判論に対しては、「ＦＣの介助者の未熟と行きすぎ」という表現で、十分な検証がまだ行われていないと反論している。

ＦＣは、誰がやっても同じ答えが出る計算機のように、完成されたシステムではない。介助者の感受性に違いのあるのは当然であり、それが結果に反映されるのはやむを得ない面もあるだろう。さらに「介助者は、当事者の意思をそのまま伝えるはずだ」という善意の推定に基づいているだけに、金儲けなどよからぬことを企む人たちの手にかかれば、悪用するのは造作もないことだろう。しかし「悪貨は良貨を駆逐する」として、すべてが悪貨だと決め付けるのは早計のように私には思われる。なぜならＦＣに限らず、こうした技法の評価は、その技法自体の完成度にあるのではなく、当事者の満足度や幸福感で測るべきもののように思われるからである。問題解決の方法は、当事者の個性や障害の程度によって、それぞれがふさわしいスキルを選べばよい。そうであるなら、スキルは多いに越したことはない。その意味でも、ＦＣを選択肢のひとつとして残しておくことは、社会の多様性を担保することにもつながるのではないか。

ちなみに國學院大學の柴田さんは自身の方法について、「ＦＣと共通するものがある」と話している。

「自分としては、ＦＣが使っている原理と同じものを、自分が使っていると思っている。原理というのは、独力ではできないことが、援助によってできるようになっていく。ひとりでは暴走してしまう部分を、援助によって抑えることができるという、ふたつのことをカバーしています」

そのうえでＦＣについて、「方法論としては、それは間違いなくあると思っています」と明快に答えてくれた。

カニングハムさんは、「少数ながら、紛れもなくＦＣでコミュニケーションを図れるようになった自閉症児・者の親たちから、ＦＣの妥当性を擁護する動きが芽生えた」と書いている。さらに「アメリカでは一九九二年以来、障害者のための『ASSISTIVE TECHNOLOGY（補助機器）』が一挙に進められ、様々なコミュニケーションの代替機器も開発されている。ＦＣをこうした機器と組み合わせて、発展的なコミュニケーション方法を開発することも可能であろう」とも述べている。

私には、カニングハムさんが記録したシャリーサの次の言葉が印象的に響いた。

「オープン・マインドを持った人たちが、自閉症の閉じ込められたことばを開放できる」

既成概念に囚われない素直な心……。果たして現代社会に暮らす私たちは、オープン・マインドを持つことができるだろうか。

FCは日本でも発見されていた

前節で紹介した『自閉症児イアンの物語』には、著者のラッセル・マーティンが取材したダグラス・ビクレンの言葉が次のように記録されている。

「自分はなにも発見していない、と彼は言い、オーストラリアでのローズマリー・クロスリーの発見とはべつに、世界中で同じような出来事が起こっていたと指摘した。まず、一九六〇年代にニューヨーク州の小児科医メアリ・グッドウィンとキャンベル・グッドウィンが、また一九七〇年代にはイリノイ州に住む特殊教育専門家のロザリンド・オッペンハイムが、それからデンマークの教育者が（彼らはオーストラリアやアメリカとは違って、不信をかきたてずに、このメソッドを広く活用することに成功していた）、また最近ではオレゴン州の特殊教育専門家キャロル・バーガーや、スタンフォード大学の物理学者でノーベル賞受賞者でもあるアーサー・ショウロウが（この二人はデンヴァーでの会議にも出席していた）、同様の発見をしていたのだ」

FCは、オーストラリアのローズマリー・クロスリーによって考案された技法であるとされている。しかし、アメリカの国内各地をはじめ、世界のあちこちで類似の方法が独自に開発されていたことからもわかるように、どうやらそれが唯一のオリジナルというわけでもなさそうなのである。

実は、取材を続けるうちに、日本でも類似の取り組みが、それぞれオリジナルな技法として存在していたことがわかってきた。

このうち論文の形で最初に出されたものとしては、若林慎一郎氏による一九七三年（昭和四十八年）の報告がある。若林氏は愛知県心身障害者コロニー・発達障害研究所部長や岐阜大学医学部教授などを歴任した精神科医である。論文では、自閉症の男の子について記している。その子は四歳までほぼ正常に近い言語発達がみられたものの、四歳のときに拒食となり、それ以降、話し言葉がなくなったという。

「12歳9か月頃には、母が本児の手にちょっと手を添えてやれば、文字を書くことができるようになった。（中略）『何が好き?』と尋ねると、『アイスクリーム』と書くといったぐあいに、家で母と筆談が可能となった。ただし、自分から書こうとする意欲は乏しい。（中略）本児が喋らず筆談することについて、母が『なぜお話ししないの?』と尋ねたら、本児は機嫌が悪くなり、ノートを伏せようとした。そこで母がなだめたら、漸く、第2図のように書いたが、この時本児は怒った態度であったという。（中略）13歳10か月頃からは、本児の肘に消しゴムをちょっとあててやるのみで書くようになっている」

第2図には、以下のような文言が書かれた自筆の写真が掲載されている。

「おはなしするのはきらい　できない　きいていかん　（どうしてお母さんが手にさわって居るとよく書けるの、わけを教えて）さわっていてもらうと、安心していれる」

これについて若林氏は、「音声言語を発しないまま文章構成能力や算数解決能力などの発達がみられ、書字によるコミュニケーションが可能となった。このような能力の発達は、本児の日常生活における不適応行動および状態像からは予測しがたいようなものであった」（「書字によるコミュニケーションが可能となった幼児自閉症の1例」『精神神経学雑誌／日本精神神経学会編』）と、驚きを込めて報告している。

母親が「本児の手にちょっと手を添えてや」ったり、「本児の肘に消しゴムをちょっとあててやる」というのは、まさにFCのスタイルそのものである。オーストラリアのクロスリーによってFCが考案されたのが一九七九年だから、それより六年も早い報告ということになる。

次の例は、東京都杉並区など全国十ヵ所で療育教室を展開している「コロロ発達療育センター」所長の石井聖《いしいひじり》さんによる報告である。彼は、自閉症特有のこだわりやパニックなどに対処する指導法を独自に開発し、コロロ・メソッドと名付けて、「過去30年間、約2000名のお子さんに対し、誰一人として排除しないという理念の下に療育」を行ってきたとのことである。その石井さんが一九九三年（平成五年）に刊行した著書『「自閉」を超えて（上）』のなかで、自身が名付けた「逆クレーン現象」を紹介している。逆クレーン現象の前にまず、クレーン現象を説明しておこう。

典型的な自閉症の子どもは言語の遅れが大きいため、自分の欲求を言葉や指さしなどで表現できない。このため、例えば棚の上のおやつがほしい場合、親の手を引いて棚の近くまでゆき、親の手を持ち上げておやつを取らせようとする。その様子が、あたかもクレーンのように見えることから、「クレーン現象」と呼ばれる行動が起こる。

石井さんは、このクレーン現象とは反対の現象を発見した。クレーン現象の場合は、親の手を子どもが取るのだが、逆クレーン現象では、子どもの手を親や指導者がとるのである。例えば書字学習の時間で、「鉛筆をもつ手が全く動かなくなってしまった場合など、おとなが軽く手を添えてやるだけで、子どもの手が勝手に動き出すのである」。石井さんはこれを「逆クレーン現象」と名付けた。しかも逆クレーン現象で、興味深い出来事が起きていた。

「この『逆クレーン現象』によって、その子は全問正答が書けてしまうことが多いのである。指導者が握っている（添えている）手をわざと動かしていないことは、立ち会った指導者自身が一番よくしっている。そしておとなが手を離すと、子どもの手もたちまちピタリと止まってしまう。しかもおとなは、ごく軽くタッチしているだけなのだ」

逆クレーン現象は、鉛筆を握る手とは反対の手に触れた場合でも確認された。頭に軽く触れただけでも効果が出る場合もあった。

さらに石井さんは、母親が隣に座るだけで、手や身体に触らなくても、「本来なら書けるはずもない文字が正しく書けた」という、重度の自閉症児のケースに遭遇した。

「ここまでくると、もう常識では説明がつかない現象である。心理学者は、とりあえず『感情移入』といった用語で説明するかもしれない。しかし、このような現象を引き起こしている実体は何なのかという問題は、依然として残る」

石井さんは、「こうした驚くべき現象に数多く接してみると、人の体内から発する生体エネルギーは、他者と接触するとき（ときにはしなくても）、何かを伝達しているのだと考えざるをえない。こうした伝達能力は、認知障害児において特に顕著に見られる」と述べている。

この現象は、明らかにＦＣと同様のものであろう。その仕組みや理屈は不明だが、ＦＣの事実はここでも確認されている。

「ペンペン字」に至るまで

さらに別の例である。「ペンペン字」だ。なんとも奇妙な名前であるが、書かれる字の形に由来するのだという。そのペンペン字にかかわってきた横浜市の片倉信夫さん（六十四歳）にお目にかかって話を聞いた。

神奈川県逗子市生まれの片倉さんは、地元の高校から東京大学教育学部教育心理学科に進み、日本の特殊教育の草分けとして著名な三木安正教授の薫陶を受ける。ちなみに同じ学科で十歳年下の後輩が、國學院大學の柴田さんである。

片倉さんは東大の学園闘争でストライキが行われていたとき、親友の母親が園長をしていた宮崎の児童福祉施設に滞在し、知的障害のある子どもたちに接した。そこで片倉さんが実感したのは、入所している子どもたちは、「知的障害のある子どもたち」と、一括りにされる存在ではなく、「サッチャン」であり、「カッコ」であり、ほかの子どもたちと何ら変わらない、愛すべき子どもたちであったことだった。それが片倉さんを福祉の道に進ませたひとつのきっかけとなった。

やがて片倉さんは、東大学部生時代の臨床心理学演習で、自閉症児を対象にした心理療法を学び、自閉症児との生涯にわたる付き合いが始まることになる。

大学卒業後、いくつかの先端的な福祉施設に勤め、その間にも大学院で専門的に学びながら、様々な障害のある子どもたちの支援に取り組んだ。以下は、片倉さんのホームページからの引用である。

「今の学校制度は明治に遡る。

戦後民主主義教育は、日本が貧乏の間、うまく機能したという。

豊かになったら、『青い山脈』が『ビーバップハイスクール』に変わった。校内暴力、イジメ、登校拒否と続く。そのうち学校制度を棚上げにして、塾制度でもできるのだろう。

我が業界の養護学校も、昭和四十年代に登場した頃の輝きを失っている。この業界のプロは、ミスなく仕事をしていれば、順調に給料がもらえる仕組みの中で働いている。

障害児教育や、障害者の福祉も、民営にしないと技術が遅れてしまうのではないか。

僕の夢は、園長や校長でなく、社長になって障害児教育をすることである。儲けるために、他社より進んだ商品（教育）を開発し、障害児たちに提供するのである」

「儲けるために」というのは片倉さん一流の諧謔《かいぎゃく》であろうが、ひょっとしたら本気だったのかもしれない。その夢を現実のものとしたのが、障害のある子どもたちとその家族の支援を行う有限会社「かくたつグループ」の設立である。キャッチフレーズは「福祉の宅配便」。自閉症をはじめ様々な障害に対する専門知識を活かし、スタッフが各種施設へ出かけていって、具体的な指導を行うのである。こうした活動は社会福祉法人のほうが自治体から支援を受けられて有利に思いがちだが、片倉さんはあえて組織を有限会社にした。そのほうが活動範囲の制約がないなど、行動の自由があるからだという。

片倉さんの福祉の分野での経歴や取り組みは型破りで、彼の多数の著作を読むと、個性的な人柄が伝わってくる。相手にする子どもたち一人ひとりの個性を大切にすると同時に、教育者としての指導理念を放棄することはない。

「飢えや寒さや苦痛は、子供が育つには、欠かせない体験である。困ったときに初めて人は考えだし、頭を使いだす。泣くことなしに育つことなど有りはしない。ユートピアを実現しようとすると、地獄化する。

教育の出発点は自己コントロールを身につけること。自己制御の訓練に失敗すると、家庭内暴力となる。

こんなことは、いつの時代でも当たり前と思うが、相手が発達障害児となると変わってしまう。良心（善悪判断）が相手によって変化してしまう。差別である」

片倉さんの信念は、「僕らの仕事は、生きていく力を子どもたちに身につけさせること」である。片倉さん自身が「どこで働いても、僕の考え方ややり方には批判がついて回っていた」と書いているように、片倉さんに対する批判も多々あるようなのだが、その理由は、彼の指導法がうまくあっている人もいた一方、ふさわしくなかった人もいたということなのだろう。結局、片倉さんの指導を仰ぐかどうかは、当事者と家族が選べばよいことなのだ。

こうした片倉さんの実践家としての仕事ぶりは非常に興味深いのだが、それはまたの機会に譲り、「ペンペン字」の話題に移りたい。

話は、片倉さんが北海道南部の現在の北斗市にある障害者支援施設「おしまコロニー新生園」で副園長をしていた一九八〇年代にさかのぼる。片倉さんは副園長在職のまま、自閉症の子ども向けの精神科専門病棟を持つ三重県立の療育施設「あすなろ学園」での長期研修に派遣されていた。あすなろ学園は、一九六八年に日本初の情緒障害学級を開設するなど、医療と学校教育の連携を重視した取り組みで、「あすなろ方式」として、その道では広く知られた存在だった。その中核を担っていたのが児童精神科医長で、その後、園長になった十亀史郎《そがめしろう》さんだった。

あるとき片倉さんは十亀さんの診療室に呼び出され、一人の少年を紹介された。そこで彼が書いたという日記を手渡された。そこには次のようなことが書いてあった。

「イエスさまに、日曜日のたびに、ぼくの自閉症を治してくださいとお願いしているのだけど、どうしてぼくの病気はよくならないのですか」

読み終わると十亀さんは片倉さんに、「どう思うか」と聞いた。とっさに出た片倉さんの答えは、「これって、母親の意見じゃないですか」というものだった。少年は養護学校の高等部に在籍していたが、文章を書く際、母親が少年の手に触っていたという。このため学校では、日記は母親が書いたもので、本人が書いているのではないと見ていた。

「しかもその子っていうのは、とんでもない重度なんだよね。見た感じが最重度で、とてもそんなことを考えているようには見えない」

そう語る片倉さんだが、同時に、学校の先生とは違って、「母親が書いた」とは思わなかったという。書かれたものは、確かに、母親の意見かもしれない。しかしそれでも、本人が書いているという事実は間違いないように感じられたのだ。母親の意見をそのまま自分のなかに受け入れ、それをまた、母親が引き出したように思われたのである。なぜかといえば、自閉症の子どもたちとの長年にわたる付き合いのなかで、「こういう妙なことをする人がいても不思議ではないと、ごく素直に感じられる何かを、ぼくが彼らから受け取っていた」からだという。

これがペンペン字に至る体験の第一歩だった。

みんな言葉を持っていた

「まことに不思議だったが、世の中は広い、いろんな子がいるものだと強く印象に残った」

翌日、片倉さんはその少年の検査に立ち会った。

「ほとんどしゃべれないのだが、久保先生が鉛筆を持たせ、手首を持っていると字を書き出す。この方式でテストすると、言語性のＩＱが百を越すというのだから驚く」

久保先生というのは、自閉症の子どもたちに長年かかわってきたベテランの臨床心理士である。

続いて片倉さんもやってみた。少年の手首を持って、鉛筆で字を書かせてみたのである。「おれも持ってみたら、名前が出てくるわけ。それをお母さんに見せたら、『これはうちの息子の字体です』と」

片倉さんの介助で、少年が自分の名前を書いたのだ。

その後、あすなろ学園の職員がかわるがわる、母親に代わって彼の手に自分の手を添え、文字が書けるかどうか、試してみた。

「かなりしっかりした字体で書く場合と、ぐにゃぐにゃの字で、不完全に出てくる場合、まったく出てこない場合にわかれる」

ほかの作業でも同様の傾向が見られることに片倉さんは気が付いた。

「字が出てくる職員と一緒に少年が作業に行くと、ぴしっと仕事ができるのに、そうじゃない職員と行くと、ほとんど仕事にならない」

自閉症の子どもが指導する職員の力量を読んで、それなりに対応しているということだろうか。

「人間関係って、そういうことなんじゃないかな。ぼくらも優秀な先生のところに行けば、能力があがり、その人の隣にいたら、いろんなことがよくわかるけど、離れるとだいぶ落ちて、違う先生のところに行くと、おなじ自分とは思えないくらい差が出てくる」

片倉さんは、障害がかなり重いほかの子どもたちにも、挑戦させてみることにした。若い職員に、「こいつにもやってみてよ」と指示する。

「この人はさすがに無理でしょ。無茶ですよ」

「いいから頼む」

彼に机と椅子を用意させ、本人には鉛筆を持たせると、職員はそのうえから手を持って、無地の西洋紙のうえに置いた。片倉さんが問いかける。

「お母さんこと、好き？　それとも嫌い？」

すると彼の手を持っていた職員が、「きたーっ！」と、すっとんきょうな声をあげ、やがていまにも涙がこぼれおちそうになった。

見ると、紙のうえには「すき」という文字が記されていたのだ。片倉さんは当初、このように筆談のできる自閉症の人たちを「筆談自閉症」と呼んでいた。

片倉さんは、すぐにはできない人に対してもその可能性を探ろうと、「動作法の腕挙げなどで腕や肩の力を抜き、筆記用具を使わずに指で書かせ、無駄な声を止め、対面せずに同じ方向を向いて坐るなどの方策を取ってみた」と語る。

ここで「動作法」という言葉が出てきた。動作法とは九州大学教授や九州女子大学学長などを歴任した成瀬《なるせ》悟策《ごさく》さんが開発した心理療法である。正式には「臨床動作法」と呼ばれるが、開発者の成瀬さん自身が著書で単に「動作法」と呼ぶことが多く、本書ではそれに倣って「動作法」と呼ぶことにしたい。当初は脳性まひの子どもの運動障害を改善する目的で使われたが、自閉症や多動症、重度重複障害などにも応用されるようになり、片倉さんもその理論を学んでいた。

動作法は当初、催眠暗示、いわゆる催眠術を使って心身の緊張をとき、動かなかった身体を動かすことからスタートした。しかし催眠術は誰にでもできるものではない。また催眠状態がとけると、身体の緊張が戻ってしまう。そこで覚醒した状態で心身をリラックスさせる訓練法が開発された。そのなかで、特に自閉症の子どもたちには「腕挙げ」を動作課題としたセッションが、対人関係や多動傾向に改善をもたらすという事例報告が出されたこともあって、片倉さんも試してみたのだろう。

成瀬さんは著書で、「動作とは心理現象である」と記している。この動作法の理論を使うと、FCを合理的に解釈できるように思われるのだが、それについては後節に譲りたい。

話を片倉さんの取り組みに戻す。片倉さんは、ペンや鉛筆を使って紙に書けない人でも、指でなら書けるというケースを発見した。指であれば、鉛筆を握る力がない人でも書ける。紙に書く場合は一字ずつ書く場所を移動していかなければならないが、介助者の手のひらを紙代わりに書くのであれば、そんな必要はない。さらに机では、水平面に手の動きをあわせなければならないが、手のひらだと、本人の書きやすい状態で書くことができる。これが「指談」となった。

「筆談にしろ指談にしろ、技術的にそう難しくない。全身に入っている力を抜き、多動を緩和させる準備ができること。そして、日常的な指示が通る関係であること。この二つの条件がクリヤーされたら、実行可能である」

片倉さんの経験で、筆談に指談をあわせると、「もう数百人のオーダーに達しており、考え方としては、全自閉症に可能だとしか考えられなくなっている」ところにまできた。自閉症だけでなく、重度の知的障害のある人たちも書きはじめている。

「問題なのは、かれが金メダル級の重度の障害者で、言葉を持っているようには見えないところにある」

それまで何を考え、感じているのか、わからなかった人たちとコミュニケーションを交わすことができるという喜びが、片倉さんに驚きと感動を呼んでいた。

「どこまで重度の人に書かせることができるのかが知りたくて、次々に最重度の人に挑戦していったら、全員書いてしまい、冬が終わる頃には、自閉症という診断をもらっている人は皆書けるとしか考えられなくなってしまった」

次に片倉さんの関心は、軽度の人に移っていった。「ぼくのくちは　まったくしんようできません　おもっていることのじゅっぱあせんともいえないのです」などと書く人が続出してきたからだ。

「自閉症全員が字でコミュニケイトできるのであれば、『筆談自閉症』などという言葉は不要」という段階に進んでいったのだった。

「ペンペン字」はなぜ消えたのか

やがて「筆談自閉症」から、「ペンペン字」へと、取り組みは進化していった。片倉さんの回想録から引用する。

「そうこうしている内に、正方形の升目に入る普通のきれいな字ではなく、右下がりの細長い平行四辺形が当てはまるような、やたらと縦長のなぐり書きのような字で書く人にぶつかった。これは非常に読みにくい。『か』でも『さ』でも縦線三本で、まるで『川』の字のように表出される。おまけに次々と同じ場所に書き重ねられていくために、『ほ』と書いたのか『しま』と書いたのか分かりにくい。『ぼ』も『しまい』も似ているし、『ぼ』と『ぽ』もほとんど同じである。そんなものがどうして読めるかというと、一つは文脈であり、もう一つは読み間違えたときに本人の手と介助者の手の間に走り抜ける一瞬の違和感や、かすかにうっとうしげな表情に変わることなどがあるためである」

これにヒントを得て、「ペンペン字」が開発された。ペンを使う字という意味ではない。何もない土地にペンペングサがまばらに生えているかのように、短い縦線が横方向に何本も書かれているのを見た施設の職員が、「『い』と『り』ばっかりやないですか。こんなペンペンしとるもん、僕はよう読みませんよ」と片倉さんに言ったことが、「ペンペン字」という呼び名の由来である。

ペンペン字の特徴は、おもに直線を使ってひらがなを書くことである。その場合、確かに「い」と「り」なら、なんとか書けそうである。しかし文字に使われているのは直線ばかりではない。曲線もある。それをペンペン字ではどう処理するのかというと、三次元で書くつもりで書くということである。ただし、書き付けられるのは二次元上の部分だけである。つまり、曲がった部分は、ペンが浮いていて、本人は書いたつもりでも、紙面上に書かれてはいないのだ。その分、普通のひらがなを書く場合に比べて、動きの自由度は高いものとなる。

それだけ自由度があっても、一人だけでは書けないため、介助者が手を支えてやることになる。はじめは指や手首を軽く持つ。本人がだんだん慣れてくると、さわって介助する場所を腕やひじにしてみる。ペンを持つ手を支えなくても書けるようになると、肩に軽く触るだけにしてみる。こうして、介助の手をペンから少しずつ離していき、それにも慣れてくると、さらに離れて、利き腕側に座っているだけにしてみる。最後には、横や後ろでじっと見守るだけで書けるようになった人も出てくるようになったという。

ペンペン字で書く人のなかには、横方向の直線を使う「横ペン」も現れた。これに対して従来のペンペン字は「縦ペン」というようになった。

いずれのペンペン字でも難点は、解読がむずかしい点である。書いている方も、それがわかっていたようだ。

「ふつうのじではないのではずかしいです」

「いいたいことがらくにかけて　かんげきしています　が　よくよめますね」

「だれがはつめいしたのですか　そのひとにいちどあいたいです」

片倉さんは、ペンペン字を使うと、言葉が明確化されるだけではなく、別の効果もあると感じるようになった。

「このペンペン字を使うと、代名詞を間違えたり、おうむ返しをしたり、助詞を使い間違えたりという、自閉症特有の言語的ハンディが消えてしまう。

彼らには非常にむずかしいとされてきた『どうしたの？』とか『どうやったらいいとおもう？』といった質問にも、明確に答えてしまう」

片倉さんは、次のようなエピソードも書き記している。

「三歳の時に普通じゃないと言われて、以来三歳だと主張していたエーちゃんも、どうして三歳なのかの質問に、ぺんぺん字で、『自閉症は進む病気なので、僕はこれ以上お母さんの悲しむ顔を見たくないから三歳なのだ』と答え、それに対して『自閉症は進行性の病気ではない。君が努力すれば、障害は軽くなる』と説得したら、十九歳になってくれたものである。ぺんぺん字を使って知能テストをやり直したら、数値が数十単位であがってしまうと思われる」

だからといって、もろ手をあげて喜んでばかりもいられなかった。場合によっては当事者に、不安な心理状態を引き起こすこともあるからだ。

「彼らの主張によると、分かってくれる人に触ってもらったときが一番思ったように動け、一メートル以内にいてくれたらかなり動けるが、分かってくれない人がついていたり、一人でいたりすると、なかなか思うような言動がとれないらしいからである。また、安心している場合は大丈夫だが、自信がなかったりイライラしていたりすると、なにをするか分からなくて不安だという。

また、ペンペン字で書けても、『十一歳の時に引っ越してからの僕の青春時代は真っ暗だった。

だから僕は十一歳からやり直す』と勝手に決めて、二十歳すぎている自分を認めようとしないと、書く前以上に我々の働きかけを受け付けなくなることも起こりうる」

片倉さんは、自身がペンペン字を確認して十年以上たった頃、片倉さんが関係した各施設で、ペンペン字にかかわったことのある人たちに、ペンペン字のその後を尋ねてみた。その結果わかったのは、どの現場でもペンペン字の実践はなされておらず、きれいに消滅していたということだった。

その理由のひとつとして、片倉さんは、施設のスタッフの資質が以前と比べて変わったことをあげている。

「(入所者の問題行動を)止めることが『目的化』してしまう場合、職員の関心は、自閉症の人の『外から観察できる行動』に集中してしまい、彼らが『何を感じ、どう考え』ているかに思いがおよばなくなる。

これは完全なすれ違いであって、人付き合いではないから、職員と自閉症の人の間に人間関係が成立しない」

それはペンペン字にも影響をおよぼしてくる。当事者が「何を感じ、どう考え」ているかを洞察する心が介助者に求められるからである。

「洞察力のない職員は、よくわからないからやり続けると、へんなものを引っ張り出しちゃう。引っ張り出したほうも、引っ張り出されたほうも混乱して、寮全体が混乱するという弊害も出てきた。このためペンペン字の使用禁止命令が出される施設も相次いだ」

片倉さんたちが筆談自閉症やペンペン字に取り組んでいた頃、実はオーストラリアやアメリカでFCの取り組みが少しずつ始まっていた。しかし片倉さんたちの耳には、そうした情報は一切入って来なかった。まったく独自の方法論としてペンペン字が生まれ、やがて終焉を迎えたのである。

触れ合うことで言葉を引き出す

神奈川県横須賀市の浦賀水道を望む海岸沿いに、独立行政法人、国立特別支援教育総合研究所、略して特総研がある。以前は特殊教育と呼ばれていた特別支援教育に関する日本で唯一のナショナルセンターであり、簡単に言えば、日本における特別支援教育の総本山である。特総研では特別支援教育に関する実際的な研究を行うと同時に、教育現場で指導的立場にある全国の教員を対象にした専門研修を行うほか、障害のある当事者とその家族からの個別の教育相談も受け付けている。

その特総研で、今回の取材テーマに関係する興味深そうな研究プロジェクトが行われていたと聞き、訪ねてみることにした。プロジェクトのタイトルは「障害のある子どもの書字・描画における表出援助法に関する研究」である。

応対していただいたのは、教育相談部の部長や上席総括研究員などを歴任した笹本健《ささもとけん》さん（六十四歳）である。体育学修士の笹本さんは、障害のある子どもたちに対する体育や運動、動作学習などの指導が専門で、プロジェクトの経緯を丁寧に解説してくださった。

話は二十年以上前にさかのぼる。当時の名称は国立特殊教育総合研究所だったが、略称はいまと同じ特総研である。障害のある子どもとその家族を対象に、専門的なアドバイスを行う教育相談窓口での出来事だった。

特総研の研究員で、現在は広島大学教授の落合敏郎さんが、重度の知的障害があり、身体も不自由と診断されていた、いわゆる重度重複障害の子どもの教育相談をしていたところ、偶然、ある発見をした。自分一人では字を書くことができないその子にペンを持たせ、手の甲を包み込むようにしながら手助けしてみたところ、文字を書き出した。落合さんは一九九二（平成四）年、この出来事を日本特殊教育学会で報告した。

その翌年の落合さんの論文「描画・書字における表出援助法の工夫について」では、「表出援助の方法」として、以下のように紹介されている。

方法としては、子どもの体に触れて、動きを理解するという方法は動作訓練の方法と似ている。ある動作を誘導するというよりも、子どもが示す微弱な動きを増幅したり、なぐり描きになるような動きを抑えて、目的とする動きを達成させようとする方法である。手順は次の様に行う。

1）対象児の手に軽く包み込むように触れる。
2）手で触れたままで描画や書字をともに行う態勢を作る。
例えば、丸や三角を一緒に描く場面を作る。見本を見たり、可能であれば音声の指示だけで行う場合もある。この手順に係わっていくと、子どもによって異なるが、以下のような様子を示す。
①実際にペン等の筆記具を持たせても、持てなかったり、描くことができない程動きが微弱だが、かすかに感じられる。この場合、このかすかな動きを増幅するようにして、子どもの動きが紙面に描けるように援助する。
②肢体不自由児に多い例で、からだの動きのなかに「誤動作」になる動きの成分が多く、自分自身で描画すると、なぐり描きになる。この場合も手で触れると、大きく分けて2種類の動きが感じられる。「誤動作」としてのきめの粗い動きと、目的にあったきめの細かい動きがあり、きめの粗い動きを少し抑えることによって、目的とする動きを選び出すことができる。
③目的とする動きが徐々に強くなったら、援助の力も徐々に少なくして行く。例えば、最初は手のひら全体で動きを感じなければ感じ取れない状態から、最後には、援助者が指一本で子どもの手に触れているだけで、目的とする動きが出せるようになる場合もある。
このような過程をふまえて、最終的には自分で目的とする描画や書字が可能となるよう援

助を軽減していく。

特総研で同僚だった笹本さんは、落合さんからこの事実を知らされた。その頃、笹本さんも教育相談の担当だった。ちょうど相談に訪れた夫婦の訴えは、知的障害を含む最重度の重複障害があるとされる息子について、「本当はわかっていそうなのだけど、どういうふうに引き出していいかわからない」というものだった。笹本さんは、落合さんの事例を思いだし、相談者に紹介しながら、「じゃあ、やってみますか」ということになった。そのときはまだ、笹本さん自身が半信半疑であった。筆ペンを持たせ、手を支えた。

「そうしたら、書いちゃった」

最初、少年は、自分の名前をひらがなで書いた。次に、魚のアジなどの絵も描いた。何回か、取り組みを重ねるうち、自分の名前を漢字でも書けるようになった。掛け算もできるようになり、九九も理解した。

「もともと重い肢体不自由の子が、知的にも遅れているとみなされてしまう。しかし、お母さんは、我が子が何か持っていると感じていたのだろうね。ただし、一人でちゃんとした文字で表すとか、そういうのはなかったのです」

自閉症の子どもたちでも同様の結果が得られた。

「自閉症の子は、言葉が出始める頃はしゃべるのですが、幼児の段階で言葉が出なくなり、言葉の世界を捨ててしまった人たちです。なぜかというと、いまのところ推測の域を出ないのだけど、言葉の世界って、ものすごく抽象的であやふやだからかもしれない。たとえば、富士山ってきれいですよね。私たちは『はい』って答える。しかしそれをずっと突き詰めていくと、いつ見た、どこの、どんな風景って言ったら、お互いに違うわけです。でも言葉って、『富士山ってきれいですよね』って、そういうごまかしがきくわけです。ところが自閉症の子は、様々なことにこだわっているから、『富士山ってきれいね』というコミュニケーションが成立しない。だから話し言葉を捨てる。その代わり、文字で書くほうには行きやすいのではないか」

特総研では、この現象をどう見るかについて、六年間をかけて特別研究を実施した。そして、当初は「表出援助法」と呼んでいたこの方法について、ＳＴＡ（Soft Touching Assistance）＝ソフト・タッチング・アシスタンスという名前を付けて、具体的な検証を進めていった。その研究の過程で、オーストラリアとアメリカにＦＣ（Facilitated Communication）＝ファシリテーティッド・コミュニケーションと呼ばれる手法があることがわかったのである。

「えっ！　同じことをやっている」

笹本さんは、そのときはじめて、ＦＣのことを知ったという。ちなみにＦＣの具体的な方法論としては、手や手首、腕などを支えてやることで、キーボードによるタイピングを可能にするものだ。というのも欧米における文章の記述は、かつてはタイプライター、現在ではパソコンのワープロが主流だからである。タイピングではなく、ペンを持って字を書く場合は、ファシリテーティッド・ハンド・ライティング（Facilitated Hand Writing）と呼ばれ、これはＳＴＡによる書字や描画と同様のものである。

当事者の身体の一部に直接触れることで、「独力では実現しない目的的な動作の達成を支援する」という点で、ＳＴＡはＦＣと共通している。しかし笹本さんらによれば、ＳＴＡは、ＦＣとまったく同一のものではない。ＦＣはタイピングを支援してコミュニケーションをはかることに特化しているのに対し、ＳＴＡは、字を書く筆談の援助にとどまらず、絵を描いたりするほか、コミュニケーション以外の様々な行動を支援する場面で使われる。スプーンやフォークで食べる、ナイフで切る、ボタンやフックをとめるといった日常生活動作全般で、「あたかもマジックハンドのように」支援し適用する。

笹本さんに、ＳＴＡを実践する際のテクニックについて聞いてみた。

「まずは、私の話から入るんです。例えば初対面のとき、私の家族のこととか、私はこういう人間だと話す。次に、研究について、いままでの成果として、どんな子でも書く能力があって、いろんなことを思っていて、ただそれが表せないということで、非常に困っているんだということを延々と説明するんです。すると、反応するんです。『こういうことを思っているんだけど、どう思う？』と聞いたとき、相手が身体をものすごく動かして、何か言いたそうにするんです。『わかってる』っていうのがわかるから、『じゃあ、やってみる？』と聞いて、ゆっくりやらせてみると、絵や文字を指さしたりする。そういう手続きを、しっかりとやる。それではじめて実現するんです。そういうものを丁寧にやったとき、学校であれどこであれ、誰だってできるはずなんです」

文字を蓄積していた子どもたち

笹本さんが、この研究に関心を持った理由についても聞いてみた。

「研究所にきて三十二年になりますが、私の最初の専門は体育で、特にサッカーでした。訓練を通して、身体の動きがどう改善されるかを研究していました。そのひとつとして、動作法に取り組んでみたのです」

前節でも紹介した動作法が、ここでも出てきた。

「脳性まひの子どもたちは、リラックスさせるための訓練で身体の緊張がとけていく。ところが、障害が重度の子にやると、痛くてかどうかは、わからないけど、泣くんです。しまいには、私の顔を見ただけで泣くようになった。なぜそんな風になるのだろうと疑問を持っていたんです」

そして話題は哲学に移る。

「たまたまドイツに在外研究で行く機会がありました。そこで、現象学という哲学の考え方に出会ったのです。それは、それまで私の思っていた身体論とまったく違うものでした」

笹本さんがそれまで考えていた身体論とは、心と身体とは別のものであるという、心身二元論である。これは近代合理主義哲学の祖と呼ばれるフランスのデカルトが「我思う、ゆえに我あり」

と書いたように、考える主体としての精神がまず上位にあり、その精神によって身体が支配されるという思想だ。これに対して現象学は異を唱えたのであった。その代表的な論者の一人がモーリス・メルロ＝ポンティである。

メルロ＝ポンティは、心と身体は別々のものではないとして、心身二元論を批判する。しかし同時に、これが彼のおもしろいところなのだが、単純な心身一元論もとらない。つまり、自分の身体を知覚する身体は、認識する対象でもあり、しかし同時に認識する自分自身でもあり、どちらかであると決めることはできない。このため、「両義性の哲学」などとも呼ばれている。

笹本さんは、この現象学によって、「私の疑問がすとんと落ちた」という。

なぜ、障害が重度の子が、笹本さんの顔を見たり、態度を見たりして、私を認識しているから泣くわけです。

「それはすでに、彼は私の顔を見たり、態度を見ただけで泣き出すのか。泣くという身体の動きは、表現なのです」

障害の重い子は、相手や周囲のことを理解していないと思われていた。また、「身体が不自由」と言われるように、「身体が自《みずか》らに由《よ》らない」、すなわち身体二元論によって、精神と身体は別物であり、泣くという行為は、彼の精神とは別の行動と考えられていた。しかし現象学の立場にたてば、「泣く」という行為は、彼自身の表現行為であり、そのまま素直に表現を受け取ればいいのである。

動作法を開発した成瀬悟策さんは、「動作とは心理現象である」と書いている。これはメルロ

＝ポンティの現象学と相通じるところがあるのではないか。笹本さんは続けて言う。

「動作法は、相手にさわって行うんです。でもさわるまでに、『さわっていい？』と、しゃべって聞く。しゃべるということは、相手があってこその表現なんです。これも元々は、身体の動きでしょ。だから私の一投足って、みんな表現なのです。それって、教育の世界で、本当は大切なことだろう、という話ですよね。そこをきわめだしたのです」

この特総研の研究グループに外部から招かれて参加したのが、現在は立教大学文学部教授として哲学を講じている河野哲也さんだ。河野さんは、『暴走する脳科学』や『〈心〉はからだの外にある』といった著書のタイトルからもうかがわれるように、専門家が流布する心や脳の科学について、現象学などを武器に、批判的に切り込んでゆく気鋭の哲学者である。それでは、河野さんが実際に特総研で接したSTAの評価はどうだったのだろうか。

「笹本さんたちがやっていたSTAというのは、相当、ゆっくりしているものです。ほぼ、運動支援という感じですね。つまり、揺れたり、運動がままならなかったりするので、それをゆっくり後ろから押さえる程度です。実際に書かれたものを見ても、字になっていないときもある。それだけじゃなく、たとえばお絵描きの支援もする。何を描きたいのか、よくわからなかったけれど、描けたときに、ぱあっと顔が明るくなるので、女の子が花を描きたかったことがわかった。いずれにせよ、楽しんでいるというのは明らかにわかる」

河野さんは、子どもたちの表情を見たとき、かかわり方の違いがはっきりわかる場面になんども出会ったという。

「養護学校に行くと、ある程度、学年が上でも、子どもたちがつまらなそうに、お遊戯みたいなことをやっている。最初は、くもったような顔をしている。ところが笹本さんたちがかかわると、ぱっと、光がさしたように表情が変わり、眼の動きも鋭くなる。明らかに知性度が上がった印象です。そういう類の、きらっとした反応が返ってくるんですね」

ドイツでも同様の経験があった。

「身体の震えがとまらない、遺伝性の疾患がある女の子に接したときのことでした。それまでは手も動かせないだろうと、家族の方があきらめていたのを、笹本さんたちが少しずつ動かしてあげて、オレンジを持った彼女の手を口に持っていってあげる。すると、表情がパッと明るくなる。自分の行動が、味に結びついたという経験が、表情を豊かにする。それを見ていると、この子の持つポテンシャルというのは、先生たちが考えているより、はるかにあったことに気付くのです」

それまでの発達診断の常識から、字を知らないと思われていた子どもたちが字を書くという現実が現れたことに対する疑問はなかったのだろうか。

「鏡のように、逆に書いてしまうこともある。間違いもある。私たちが字を練習するとき、何度も何度も練習しますが、最初は当たり前ですけど、見て書く。従って、目で見えたものを再現する能力があっても、それはそんなに不思議ではないと思いました。運動障害などがあると、ものすごく細かいことにこだわったり、ある時点のものをすごく記憶せざるを得ない状況に置かれているという風に考えてもいいと思うのです。ものすごい勢いで、字を覚える子がいましたね。それは明らかにサヴァン症候群です。サヴァンというのはきわめて特殊な能力ですが、そのような不思議さが、ここにもどこかで出ているのだと考えても、おかしくないと思います」

「サヴァン」とは天才という意味であり、サヴァン症候群とは知的障害がありながら、特定の分野について並外れた能力を持つことを言う。例えば、ある場面を細部に至るまで記憶し、写真を見ているかのように描き起こすことができたり、指定の年月日の曜日を正確に言い当てたり、電話帳など不規則な数字の羅列を正確に復唱できたりする。

映画『レインマン』でダスティン・ホフマンがサヴァン症候群の患者を演じたが、そのモデルとされるアメリカのキム・ピークは「九千冊の本を暗記する男」と呼ばれ、一ページあたり十秒足らずという驚異的な速さで本を読み、しかも一字一句違えずに記憶していたという。ピークはどこの街に行っても、誰かに案内してもらう必要がなかった。それは彼があらゆるガイドブックを読んで内容を覚えていたからだというエピソードもある。

確かにサヴァン症候群と呼ばれる人は驚異的な能力を持つからこそ、そう名付けられたのだろうが、しかし私も子育てをするなかで、子どもの記憶力に舌をまいた経験が多々ある。子どもは天賦の才能にあふれた存在なのだ。そのうえに、身体が不自由な子どもたちは、残された自分の自由な部分に全神経を集中していると考えても不思議ではない。重度の障害があればあるほど、全身全霊を込めてまわりを見、そして聞いているはずだ。誰からも字を学んでいなくとも、字を知っていておかしくはない。

指談で臨んだ大学入試

特総研では、いまはＳＴＡの研究や指導はほとんど行っていないという。その理由について笹本さんは次のように語る。

「そのきっかけになったのが、『奇跡の詩人』騒動です。『国の研究所でありながら、こんな怪しげなことをやっている』と外部から批判され、研究をやっていた面々が一人、また一人と研究所を出てゆきました。しかし私は、『これはすごいことだから、細々とでもやらなければいけない』ということで、一人でやってきたんです」

この「奇跡の詩人」論争について、立教大学の河野さんは、少年が本当に書いたということを完全に証明するのはむずかしいだろうと言う。

「ビデオで撮って、少しの変化はあるかもしれないけど、それがどういう変化なのか、よくわからないと言われてしまうと、それに対する決定的な証拠を出すのはむずかしい。理論的には可能であり、自分としては共感するのですが、それを完全に実証するのはむずかしいですね。もしかしたら無理かもしれません」

しかし、可能性があるのに、それを完全に否定するのもまた、おかしなことであり、特にこのケースは、当事者が少年のため、「教育的配慮が必要だ」と河野さんは指摘する。

要は、個別の具体的ケースに固執するのではなく、なるべく多くのケースを検証することによってしか、ＦＣやＳＴＡの全体像はつかめないのではないだろうか。

「それしかないと思います。あるいは当初はファシリテーターが必要だったのに、だんだんと必要でなくなったケースを増やしていくのもいいと思います」

その代表的な例が、第五章で紹介した東田直樹さんだろう。東田さんは、当初は母親に手を添えてもらってパソコン入力していたが、いまでは自分一人でキーボードを操作することが可能となった。

ポインティングと、筆談や指談との大きな違いのひとつは、ここにある。筆談はペンを持つ必要があり、重度の障害者にとって介助者なしはハードルがきわめて高い。指談は介助者の手のひらに文字を書く以上、介助者の存在が不可欠である。これに対して文字盤やキーボードを使ったポインティングは、将来的に介助者が当事者に直接触れることなしに、つまり物理的には自分だけの力で入力できる可能性が残されている。

では指談では本人の言葉だと認められないのかというと、そんなことはない。介助付きの指談で、大学入試を突破した女性もいる。熊本市の柴田美優《みゆ》さんは、生後四か月で脳炎を患い、身体の自由がきかず、言葉もしゃべれないが、養護学校小学部二年のとき、偶然にも同じ名字の、國學院大學の柴田さんと出会った。そのときのことを國學院大学の方の柴田さんは次のように書いている。

「熊本で開かれた研究会でみゆさんと出会いました。担任の先生が自分のことを発表なさるということでお母さんといっしょに会場にお見えになっていたのです。ていねいな実践が積み重ねられていく様子を拝見して、私は、みゆさんには十分に文章を綴れる力が育っていると思い、研究会のあと、関わらせていただきました。（中略）自分の名前を綴り、お母さんの名前を綴り、先生の名前を綴りました。もちろん私の知らない内容でしたので、みゆさんが自分で綴っていることが誰にもわかりました」

美優さんは、これをきっかけに練習を重ね、介助者が手を添えての指談、さらにはペンを握らせて介助者が手を添えての筆談で、文章を綴ることができるようになっていった。次に紹介するのは美優さんが綴った作文、「手のひらで伝わる心」の一部である。

小学部二年生の時に、初めてパソコンを使って「たこやきたべたい」と、文字を綴りました。それまで一人で指先で書いていた文字を、初めて周りに言葉で伝えた瞬間でした。私にとって記念すべき日になりました。自分の思いが周りの人に伝えられるという、普通の人にとっては当たり前のことが、私には新鮮でした。私が文字を理解していることがわかった先生は、パソコンではなく私の手を取って、一緒に文字を書いてくれました。私はそれまでたまっていた母への思いを吹き出すように詩に書きました。詩を書くと、自分の気持ちが周りに伝わるのがわかりました。そして私の気持ちが伝わったとき、みんなは喜んでくれました。

私の詩でみんなが喜んでくれた時すごくうれしかったのを覚えています。
　私を抱っこして支えてもらい、その人の手のひらに文字を書くようになり、いろいろな人と話ができるようになりました。でも私と文字を書くことはとても難しいです。慣れない人に抱っこされると筋緊張が入り、読み取る人はとても大変だと思います。できるだけ支えてくれている人に伝わるような言葉で伝えるようにしています。でも、何回も手に書いても伝わらないときはとても悔しいです。しかし、支えてくれている人の手に文字を書いているとその人の気持ちが伝わってくることもよくあります。手に書いた文字が全部は伝わらなくても、その人が私のことをわかろうとしてくれているかどうかは、身体を通して、指先を通して感じることができます。言葉が声に出なくても、私の文字を手のひらに書いてもらって、その人の気持ちが伝わってくるから、私は今の自分が好きです。これまで苦しい思いや辛い思いをしたこともたくさんあったけれど、私を見ていてくれる人がたくさんいるということを、手のひらに文字を書くことで知ることができました。

　この作文は、内閣府が募集した平成二十四年度「心の輪を広げる体験作文」コンクールの高校・一般部門で最優秀の内閣総理大臣賞に選ばれた。審査委員長で作家の黒岩千次さんは講評で、「この暮らしの中で今は大学進学を目指しているという意欲に敬意を払わずにはいられない」と述べているが、二〇一三年（平成二十五年）の春、見事に九州ルーテル学院大学人文学部の推薦入試に合格した。試験会場では、介助者の手のひらを原稿用紙に見立てて柴田さんが右手の指で小論文を綴り、介助者がそのまま読み上げた内容を別の担当者が解答用紙に記入したという。

大学入試という公正さを求められる場で、介助付きの指談による挑戦が認められ、しかも合格したという快挙は、二〇一三年三月三日付熊本日日新聞に彼女のカラー写真付きで大きく報じられた。新聞記事で、担当の河津巖《いわお》教授は「重度障害のある生徒の受験申し入れは初めてだが、対応するのが大学の務め。柴田さんの能力が十分に発揮できるよう配慮した」とコメントしている。大学側の誠意ある対応で柴田さんの人生の扉が大きく開かれたのである。

不毛な論争を超えて

話を戻すと、笹本さんは、「奇跡の詩人」という、FCにまつわるひとつの話題だけで、特総研のSTAをはじめ、すべてを否定する風潮は行き過ぎではないかと話す。

「せっかく育ててきたのに、全部やられてしまう。一発の例外をぱんとやられて、ここをきっかけに、がたがたと世間は崩していく」

その背景を、笹本さんは次のように考えている。

「FCやSTAの考え方は、発達段階論を基礎にしたいままでの考え方を全部ひっくり返す可能性を持っている。それって、一番危ないんですね。なぜかというと、いままで、めんめんと、『この子はこうです』と言っていた人たちの立場がなくなるじゃないですか」

障害児教育で主流派の人たちが、『奇跡の詩人』騒動をきっかけに、ここぞとばかりにFCやSTAつぶしにかかったということか。

「私が学校に行くと、『この子、書けるよ』って思う子がいるんです。すぐにわかる。しかし、その子に、あえてやらない。なぜかというと、やったとたんに、その子は、私や学校に期待する。でも、担任は信じない。私はその学校に毎日行けるわけでもない。だからやらない。学校は学校なりの指導があるじゃないですか。でも子どもは、そういうふうに見ていないので、困るよね。ジレンマですね」

笹本さんは、かつては特殊教育と呼ばれた特別支援教育について、全国の学校の先生を指導する立場だった。その彼にして、ジレンマを抱える学校教育の課題とは何だろうか。これまで言葉がないと思われていた子どもたちと意思疎通できることがわかると、特別支援教育の伝統の、何がひっくりかえるのだろうか。

「いまの制度は、障害から入ってくるわけですね。障害があるからこその養護学校、特別支援学校です。学術的な言葉を使うと、演繹的な見方というのかな。重度の子はこうで、発達はこうで、と十羽ひとからげに、枠にはめられる。だから『重度重複障害児』とか、『知的障害児』になってしまう。しかし本当は、個々に見ると全然違うのです。その子たちのために、どうするかという方法論を開発してきたのですが……」

ひっくりかえるのは、特別支援教育という制度そのものなのだ。笹本さんは、さらに論を進めて言う。

「つまり、人間を見ていない。ただし、『人間をちゃんと見なさいね』ということは、理念としてはいまの制度でも言われているんですよ」

確かに「特別支援」というのは、「それぞれの子どもにあった支援を」という意味である。

「しかし、指導法って、我々がやりやすいようにやるわけです。そうじゃなくて、一対一を大切にしながらやることが必要です。それはもちろん言われているのだけど、おろそかになっている」

指導者がやりやすい指導法ではなく、一対一の関係を大切にするという精神に、表立って反対する学校の先生はいないだろう。むしろ、自分こそがそれを実践しているのだと、みなさんが口を揃えておっしゃるのではないだろうか。問題はそこにある。つまり一対一の、最初のほうの一には確かに先生の意思はあるのだが、後段の一に、当事者である子どもの精神が生かされているかどうかである。

立教大学の河野さんも、特別支援学校の現状について問題点を指摘する。

「悪くとるならば、先生方は、いままでずいぶん、子どもたちを理解できなかったのだと思うのです。それがわかってしまうことの残念さ。だんだん見ているうちに、この子は、かなりできそうだなという気持ちはあっても、学校では放置されている。置かれっぱなしに近いような状態もあると思うのです。それに対する反省を迫られてしまうという問題があると思います」

さらに河野さんは、学校というシステムが抱える問題点にも言及する。

「もうひとつは、上の人がどういうふうにそれをとらえているかですよね。なんであれ、ひとつの教育法なのだから、『別に害をおよぼしているわけじゃないからやってみよう』という形で、校長先生なり上のほうの指導者の人が言ってくれるなら、たぶんＯＫです。そうではなくて、『あれはとんでもないもので、あんなことをやったらＦＣみたいな形で訴訟になってしまうこともあるし、ＮＨＫの番組みたいに、めちゃくちゃにたたかれてしまうかもしれない。そうしたときに、自分のところに火の粉がふりかかってしまう』と上の方の人が思ったら、やらないでしょう」

ＳＴＡに取り組んできた笹本さんたちとは別の立場から、ＦＣやＳＴＡを論じるのは、立命館大学文学部応用人間科学研究科教授の望月昭さんだ。専門は応用行動分析学である。この学問は「すべての行動は環境との相互作用から生じている」という認識を前提にしたうえで、様々な社会的問題を分析して解決の道を探るものだ。望月さんは、重い障害のある人の要求言語行動や自己決定についての研究を重ねるなかで、応用行動分析学を発展させて、「対人援助学」という新しい学問の分野を提唱している。広く「人を助ける」という実践的行為について、「その作業を当事者の決定を軸に過不足なく行うための方法を考える新しい領域」だという。

望月さんは「対人援助学」という学問を立ち上げるだけあって、援助のあり方について造詣が深く、特総研・国立特殊教育総合研究所で行われた「表出援助法に関する研究」にも、研究協力者として名を連ねている。

そこで望月さんは、ＳＴＡの研究を中心になって推進する側とも、あるいは批判する側とも異なる、しかし本質的な問題提起をしている。それは肝腎の当事者を抜きにしてはならないという、障害のある人の立場を踏まえたものである。

「結論から言えば、ＦＣで書き表されたものは本当に本人の言なのかという『authorship（オーサーシップ）』の問題は、何よりも本人の自己決定についての『権利の保障の問題』として捉えられるべきものである。ところが、これまでのＦＣ論争では、擁護派も否定派も、揃って本人の『能力の証明の問題』にのみ目を奪われてしまっているということである。（中略）『自閉症は本当は普通児と変わらぬコミュニケーション（＝言語）能力があるんだ』といった、障害を持つ個人を類型化しその〝能力〟のありようで価値をかさ上げするような一部のＦＣ擁護派の態度も、また一方で、技術にまかせてＦＣを攻撃することで、社会に対して他ならぬ障害を持つ本人や周囲の援助者にネガティブな印象を与えてしまいかねない行動分析家たちの否定のやりくちも、ともに下品としか言いようがない」（「行動分析（行動福祉）の観点から表出援助（ＳＴＡ）を考える」より）

望月さんの論点は、「ＦＣは有効か」、「本当に彼が行っているのか」という、盛んに行われてきた真贋論争とは一線を画す。そうではなく、「誰が、どのような方法で、それらの現象を展開しようとしているのか」がテーマだと言う。

「ぼくの立場は、人はみな、援助付きで生きているという前提に立っています。例えば、みんな、子どもが自立したらいいと言いますよね。それはともするると、ほかから援助を受けずに独力で何ができるかという考えにつながる。そういう考え方を、捨てないといけない。そうではなく、みんな、共同作業であるという考え方が、背景にまずあるわけです」

望月さんは、障害のある人よりも、障害のない一般の人たちのほうが、多くの援助を受けていると指摘する。

「『特別支援教育』などの名称のもとで示される『特別』といった場合、障害のある個人だけが、何か一般の人より多くの援助を受ける必要があると考えがちであるが、実際には〝障害のない〟個人の方が、障害のある個人より、より多くの物理的・人的援助の享受を受けている。多数派に属する『健常者』の一般的な日常的生活の中での行動は、その成立を維持するための援助設定については、それらがすでに長期間にわたって社会環境にビルトインされているがために特に意識されず、障害のある個人への援助設定は、少数派であるがゆえに目立っているにすぎない」（『対人援助学の可能性』より）

それなのに、障害のある人たちの就労支援をするとき、彼が単独でどこまでできるか、そしてどこができないのか、雇用先に詰められてしまうと望月さんは指摘する。

望月さんは、ＱＯＬ（Quality of LIFE）＝「生活の質」をキーワードに、別の視点から解説してくれた。望月さんが考えるＱＯＬとは、行動の選択肢が増えることだ。社会との交わりを持ち、環境とのかかわりのあることがＱＯＬなのだ。「おいしいご飯を出せばいい」ということではなく、

「おいしいご飯を選べる」ところにＱＯＬがある。それが「自己決定」である。

「要するに、相手がどれだけ選択肢を用意するか、なのです。それで自己決定が成り立つのです。相手あっての物種で成り立っているから、人間って全部、他立なのですよ。自分で決めているとか、あるいは自発的に行動しているとか言うけれど、相手があっての、関係の言葉なのです」

人間とは関係性の生き物である以上、完全なる自力などありえない。そうであるならば、ＦＣやＳＴＡの是非を「本当に彼が行っているのか」という論点で議論すること自体、極端に言えばあまり意味がないことになる。

「ぼくらが自由だと思ったときって、自己決定と同じですね。本当に自由なのか。他人と無関係に、宇宙空間に投げ出されてなんでもできるっていう自由っていうのはありえない。実は、自由って言っているのは、我々が選択肢を与えられて、そのなかからゲットできる状況があるとき、我々は自由だと感じているだけだというわけです。本当に他人と無関係に自由だなんてことはありえない」

当事者の権利という視点

関係性の問題として、「障害」も存在する。その例のひとつとして「ろう者」について考えてみたい。

「『ろう者とは、日本手話という、日本語と異なる言語を話す、言語的少数者である』——これが、私たちの『ろう者』の定義である」という文章で、一九九七年（平成九年）の「ろう文化宣言」は始まる。

「ろう者」とは、単に「聴覚障害」の人をわかりやすく言い換えた言葉ではなく、彼らのアイデンティティ、あるいは人間としての尊厳が込められた言葉である。そんな「ろう者」にとって、日本手話とは、口語の日本語を手の動きに置き換えた障害者向け日本語ではない。英国人にとって英語が第一言語、日本人にとって日本語が第一言語であるのと同じように、ろう者にとっての第一言語が日本手話なのである。マイノリティではあるが、日本語を不完全に使用する下位集団ではないということだ。

ちなみに日本で使われる手話は、日本手話と日本語対応手話があり、両者はまったく別物である。日本語対応手話は日本語の文法に従って手話単語を並べるもので、おもに中途失聴者が使う。これに対して日本手話は、手や指、腕だけでなく、目や口などの表情も重要な要素となり、日本語とはまったく違った文法が使われる。

外国の例をみると、例えばスウェーデンでは一九八一年に「国会は聾唖者を言語的少数グループと認め、手話を彼らの第一言語であることを承認」（『あなた自身の社会　スウェーデンの中学教科書』）したという。

二〇〇六年に国連総会で全会一致で採択された「障害者の権利に関する条約」（外務省仮訳）で「『言語』とは、音声言語及び手話その他の形態の非音声言語をいう」と明記された。手話が国際社会でも言語として認知されたと言えるだろう。

「わが家の次男は、耳が聞こえない。不自由なのではない、〝ただ聞こえないだけ〟だ。日本手話で会話し、日本語の読み書きをする日本人。こんな当たり前のことに気づくのに、ずいぶん時間がかかってしまった」（玉田さとみ『ぼくたちの言葉を奪わないで！　～ろう児の人権宣言～』全国ろう児をもつ親の会編・明石書店）

私たちは耳が聞こえないのだから、「障害者」と考えてしまう。しかし「障害」の持つ意味は様々である。ＷＨＯ・世界保健機関は一九八〇年に「国際障害分類」を、さらに二〇〇一年にはこれを改訂した「国際生活機能分類」を採択した。それによる障害の定義を見てみると三つに分類されている。具体的に言えば、impairment（インペアメント）は生物学的な機能の障害である。視覚障害の場合は「目が見えない」、聴覚障害の場合は、「耳が聞こえない」という障害だ。disability（ディスアビリティ）は能力の障害である。視覚障害だと「字が読めない」、聴覚障害の場合は、「言葉がわからない」という障害となる。handicap（ハンディキャップ）は、帽子に手を入れている意味で、ゴルフでハンディを付けるという言い方もされるように、障害に限った用語ではない。社会的な仕組みや価値観によってもたらされる不利益を言う。字が読めず、話し言葉がわからないために就職できないというケースが該当する。

ハンディキャップは、社会環境を変えることによって改善することができる。例えば建物のバリアフリー化によって車いす利用者のハンディは低減する。障害とは個人の問題というよりも、個人を取り巻く社会の問題なのである。

同じようにディスアビリティについても、固定的に考える必要はない。話をろう者に戻すと、インペアメントは確かに残る。しかし言語については必ずしも、ディスアビリティとは言えない。なぜなら、手話が第一言語である場合、全国的にはマイノリティであるものの、そのコミュニティにおいては、コミュニケーション能力に支障はないからである。

これに対して、中途障害の人たちを中心に、日本手話を使わない人たちから批判がおきた。同じ聴覚障害があるのに、一方だけが言語的少数グループとして認められるのは、もともと少数の聴覚障害のグループをさらに分裂させるものだとして、雑誌『現代思想』で論争が行われた。決着は付かないまま終わったが、しかし「ろう文化宣言」が社会に与えたインパクトは大きなものがあった。

かつての養護学校などでは、手話は使うことを禁じられ、読唇術を教え込まれたとも聞いた。つまり、通常の日本語の社会に適応するよう強要されたのである。ろう者は先生に隠れて、寄宿舎などで手話を学んだという。

私が今回の取材テーマとした介助者による援助付きの意思疎通法は、日本語を使ったコミュニケーションであり、日本手話を使う人たちの「ろう文化宣言」とは意味合いが異なる。「奇跡の詩人」に対する真贋論争でテーマとされたオーサーシップの問題も、ろう者の場合はかかわらない。それでも共通するのは、差別された側からの視点という側面だ。

望月さんは、自身の専門の行動分析学を踏まえ、当事者が目的のものを得るための機能を重視する。その手段として、手話の人もいれば、FCの人もいる場合もあると指摘する。

「STAって、要するにコミュニケーションの観点で言えば、AACなんです」

第二章でも紹介したAAC（Augmentative & Alternative Communication）は、「拡大・代替コミュニケーション」と訳されている。声が残された人はそれを活かし、声のまったくない人には代わりとなる機器を利用しながらコミュニケーションをはかることを言う。広い意味では道具を使わない身振り、ゼスチャーを含む場合もあり、さらに簡単な道具、例えば文字盤、コミュニケーションボードなどを使うAACもある。近年のパソコン関連技術の急速な発展を踏まえ、最近ではAACというと、パソコンに専用のソフトを組み込んだ意思伝達装置、あるいはトーキングエイドなど専用の携帯型会話補助装置のイメージが強い。

望月さんは、FCとSTAを基本的には同一のものとしたうえで、拡大・代替コミュニケーションの文脈に入れても構わないという。AACの趣旨を踏まえれば、その通りに思われる。しかしアメリカでAACの専門家はFCについて、科学的検証に答えていないとして否定的な立場であるという。さらに日本でAACの権威と言われている人たちは、FCについて評価せず、ほとんど言及すらしていない。

一方、望月さんはFCやSTAについて、「援助付き言語行動」であるとし、「コミュニケーション・ボードを使用して会話するのと基本的に何ら変わるものではない。そのような表現モードを用いることが最も得意な個人はそれを使用する権利がある」として、当事者の権利の視点を強調する。学校では使うことを禁じられた日本手話がやがて認められていったように、援助付きのコミュニケーション法が認められる日は来るのだろうか。

「普通の人」が現れる瞬間

立教大学の河野さんは、「私の理解では、字を書くという行為はＳＴＡの一場面でしかない」という。この点で、ＳＴＡは基本的にＦＣと同一のものとする立命館大の望月さんとはスタンスが異なるが、さらに河野さんの論を進めたい。

「ＳＴＡによってご飯を食べたり、着替えをしたりしながら、自分の身体の動きに気付いて、動作全般を表現にして、自分でコントロールを覚えていく」

つまり、ＳＴＡは運動全般の支援に利用できる方法であり、タイピングによる文章の記述に特化している欧米のＦＣ概念より、もっと広い意味を持つという。

「ＦＣは言葉にこだわりすぎています。表現手段って、いろいろあっていい。（絵や物の）指さしでも構わない。できる運動能力を増幅して、表現力を付けていけばいい。必ずしも、文字にこだわる必要はない」

そこでこの節では、ＳＴＡの発展的な形として、馬を使ったアニマルセラピーを紹介したい。登場していただくのは、日本治療的乗馬協会理事長の滝坂信一《たきさかしんいち》さん（六十三歳）だ。

滝坂さんは国立特殊教育総合研究所時代の特総研で、教育相談センター総括主任研究官などを務め、前節で紹介した笹本健さんらとともに、ＳＴＡ研究の中核を担ったメンバーの一人である。現職は山梨県上野原市にある帝京科学大学生命環境学部教授で、専門は発達心理だ。具体的な研究テーマは、人が何かを「表現する」というメカニズムの研究であり、それに対する「障害」とは何かを解き明かし、当事者を支援するための方法を探るというものだ。彼の人生の足跡をたどりながら、ＳＴＡがどのようにアニマルセラピーにつながるのか、見てみたい。

滝坂さんが言葉の問題に関心を持ったのは、十歳の頃だったという。福島県会津地方生まれの滝坂さんは、小学校五年生のとき、福島県中通り地方の学校に転校したのだが、学校でいじめにあった。その理由というのが、同じ県内であっても言葉がまったく違ったからだった。それがきっかけで言葉の複雑さに興味を持ち始め、その背景となるものを調べたいと、大学では心理学を専攻した。同時にサークル活動を通じて演劇にものめりこみ、役者と脚本家、演出家をこなすなかで、「うそをつくこと」を学んだという。演劇とは、「心と身体にうそをつくこと」だからという。実はこの言葉が、滝坂さんにとって、のちに大きな意味を持つようになる。

大学を卒業して民間の幼児教育研究施設に勤めはじめた滝坂さんに、幼稚園などから障害のある子どもたちに関する相談が次々と舞い込むようになった。それは幼稚園や保育園に、障害のある子どもたちが多数入園するようになってきたにもかかわらず、園の先生たちは対処方法がわからず、右往左往するばかりだったからだ。しかし滝坂さんとて、当時はまだその道の専門家ではなかった。滝坂さんは仕事のかたわら、大学院に通って教育心理学を修め、やがて短大講師を経て、特総研で教育相談専門員として専門性を磨いていくことになる。

そうしたなかで、滝坂さんが注目していたのは、自閉症の子どもたちだった。ほかの子どもたちは、何かやりたいことがあっても、先生から待つように指示されると、時間の長短の差はあれ、なんとかがまんできる子が多い。がまんするというのは、自分の本当の気持ちをおさえつけることであり、ある意味、「自分にうそをつく」ということだ。しかし自閉症の子どもたちは、自分にうそがつけない。自分がそのとき思ったことに従って行動する、ということしかできないのだ。それは同時に、「模倣ができない」ということでもある。模倣とは、ほかの人、過去の自分、あるいは社会的な価値を、行動の規範として取り込んで再生するということだ。

彼らが、自分自身にうそをつける、あるいは模倣できるためには、どういうアプローチがよいのだろうか。そう考え始めた滝坂さんは、あることに気付いた。すなわち、彼らは表現のレベルでは、我々と同様の様式を獲得できていない。しかし、私たちと同じものもある。

「基本的には、ぼくらが感じて表現しているのと、同じことを感じて、同じことを考えているに違いないと、ぼくは思った」

自閉症の人たちだけでなく、重度重複障害と呼ばれる人たちも同様に思われた。

「われわれはいつのまにか、ある様式を身に付けてしまっている。そのことを前提にしているために、その様式を身に付けていない人たちを理解することがむずかしい」

滝坂さんが、重度重複障害の人たちの施設に行くと、次のような言葉をよく聞いたという。

「この子は、すぐ寝ちゃうんですよ」

「この子、円形脱毛がある」

「この子って胃潰瘍なのです」

確かに私も、あちこちの施設を取材して、同様の話を聞き、実際に見た覚えがある。滝坂さんはその理由を、「防衛機制」という言葉で説明した。

「つまらない。あるいは、うるさい。しかし逃げられない。だから寝てしまうしかない。円形脱毛だって、胃潰瘍だって、ストレスですよ。それは、まわりが全然わかってくれない。まわりに自分の思いを伝えることができない。そのことからくるストレスではないかな、と」

滝坂さんは実際に、学校や施設で子どもたちを相手にしたとき、次のような経験が繰り返されたという。

「すみません、お名前を教えてください」

すると、先生が答えてしまう。

「○○です」

「あなたに聞いているのじゃなく、彼に聞いています」

「わかりませんよ、この子は」

しかし滝坂さんが親身になって話をしていくと、彼らの「表情が変わる」という。どう変わるかと言うと、「普通の人になる」のだという。

「ずうっと付き合わされることによって、その人は、『期待される重度心身障害』になるのだと思います。この人たちは本当に誤解されている。自分の伝えたいことを、我々が当たり前と思っている様式で伝えられないから、しんどいのです」

そういえば、同様のことを柴田さんの恩師である中島さんも書いていた。

「歩く」という体感を学ぶ

そんな滝坂さんの趣味のひとつが乗馬であり、偶然なのだが、研究所の近くに乗馬クラブがあった。

「滝坂さん、欧米では、障害のある人たちの教育を、馬を使ってやっているって、知ってる？」

調教師が教えてくれた情報は、滝坂さんには初耳だった。一九九〇年に半年間、ドイツに滞在したとき、そこではじめて、馬を使ったトレーニングを見たのである。

「日本に戻ってきて、ぼくの馬のお師匠さんに話して、こういうことやりたいって、向こうで撮ってきた写真を見せました。すると、『こんな高度なことは、日本ではむずかしい』と言われたものの、『一年間待ってくれれば、馬を調教する』とも言われ、一九九一年から馬を使った、障害のある人たちへの対応を始めたのです」

特総研の研究として始めた取り組みについて、滝坂さんは当初、「乗馬療法」と呼んでいた。

しかし、障害のある人が馬に乗れば、それが乗馬療法であるという考え方が一人歩きし始め、これは将来的に見たとき、質の高い実践や指導者の養成に支障をきたすことになるのではないかと懸念した。このため滝坂さんは、現在では乗馬療法という用語は使わず、「治療的乗馬」、あるいは「馬の特性を活かした指導」と呼んでいる。

確かに、インターネットで「乗馬療法」を検索してみると、大小様々な団体やクラブで取り組まれていることがわかる。大手家電メーカーも「乗馬療法」を取り入れたフィットネス機器を販売している。パラリンピックも障害者の乗馬を競技として取り入れている。それはそれでよいのだが、滝坂さんがあえて、「治療的乗馬」という言葉を選んだのは、通常の乗馬療法というイメージでは対処できそうにない人たちが対象になっているからだ。

では、滝坂さんが取り組む「治療的乗馬」とはどういうものなのだろうか。滝坂さんは、動作法との対比で説明してくれた。動作法の有効性を認めつつ、しかし動作法がうまく機能しない人たちに対する効果があるというのである。

成瀬悟策さんによって提唱された動作法はこれまでも概略を説明したように、その名の通り、動きを改善するための心理療法のひとつである。それによれば、動作とは、「意図」のレベル、「努力」のレベル、そして「身体運動」のレベルに分けられる。つまり、行為の主体たる人が自らの意思に即した何らかの動作をしようとする場合、意図を努力して動作に反映させ、その結果として自らの意図する動きが実現するのである。

ところが身体に障害のある人の場合、本人の意図があっても、「努力」が正しくない場合があり、そのままでは本人のめざす動作に結びつかない。そこで動作法で、まず身体の緊張を解くことを最優先する。そのための方法として最初は催眠誘導、いわゆる催眠術が使われた。しかし催眠術はほかの誰かに施術してもらわなければならず、いつでも自由に身体の緊張を解けるわけではない。そこで自ら、自分自身をリラクゼーションさせる方法を覚えることが重要になってくる。それができたうえで、身体の使い方をひとつずつ再学習していく。

動作法で特に重視されるのが、「タテ系動作訓練」と呼ばれるものである。身体を寝かせた状態ではなく、なるべく立てたままの状態に保つのである。立てない人は、あぐら座位などを組ませる。これを「抗重力姿勢」と呼んでいる。そもそも人間は、寝ているとき以外は身体を立たせた状態で生活している。なるべく本来の姿に戻そうというものだ。

そのうえで動作法は、「人間の身体をパーツの総体と捉える」。例えば、首や肩を緩める。腰を緩める。股関節を緩める。そのうえで、それぞれの部分をブロックのようにして組み立てていくのだ。確かに、それによって歩けるようになった人たちが存在する。

「でも、人間の身体って、そういうものじゃないと、ぼくは思うのです。例えば、手元にあるこのペットボトルを持ち上げるときって、手先だけではなく、全身でこれを持ち上げるのです。このとき、重心が移動するのです。このぐらいのものでも、重心が移動しないと倒れてしまう」

滝坂さんによれば、動作法による問題点は第一に、動作を部分ごとに行うため、特に知的な障害のある人たちにとっては、かなりむずかしいということだ。第二に、動作法によって、従来の医学では歩けないと考えられていた人が、歩けるようになったという事実が存在するものの、彼らの動作がきわめてぎこちないことである。

「その人たちの歩き方って、ロボットみたいなのです。一つひとつの部分に意識を向けて、構成していきますから。それはそれで、大きな意味があったと思うのですが。ぼくは、全身を扱いながら、部分を扱うことができないかなって、思っていた。それが、馬だとできるのです」

馬に乗るという行為は、全身に意識を向けることにつながる。そうでないと、馬から落ちてしまう。これが馬を使う第一の利点である。

馬の歩き方はなみ足、速足、駈け足と分けられるが、治療的乗馬で使われるのは、一番ゆっくりとしたなみ足である。なみ足とは、四本の足がすべて、別々のタイミングで着地する歩き方だ。滝坂さんによれば、なみ足で、馬の背中に揺られるときの動きこそ、私たちが地面の上を歩くときの骨盤の上と、同じ動きなのだという。

「身体が不自由で歩けない人たちは、歩くときに身体をどう使うのか、経験できないのです。なぜかというと、身体が不自由なのだから。ところが、馬の背中に乗り、馬が歩くということで、あなたがもし身体に不自由がなければ、こういう身体の使い方をするのだということを全部、身体に伝えることになるのです」

治療的乗馬に取り組む人は、重度重複障害の人もいれば、車いすの人もいれば、自閉症の人もいる。馬の背に、寝転がって乗る子どももいる。身体の自由がほとんどきかず、姿勢の保持ができない子どもには、滝坂さんが一緒に乗って、姿勢を作ってやる。

「本人はそんなこと考えないかもしれないけど、楽しいだけかもしれないけど、『〝歩く〟とは、こういう感じなんだ』ということを伝えていく」

さらに自閉症の子どもたちに対しては、別の効果もある。自閉症の人たちは、ほかの人たちとやりとりをするのがむずかしかったり、ほかの人に触られるのもいやがったりする。ところが、馬にまたがって乗るという行為は、そばにいる人に手助けしてもらわないと、初心者にはむずかしい。

「でも、どうしても乗りたいとしたら、どうすると思いますか」

誰かに頼む？

「そうです。手を引っ張ったりします。お願いしなくちゃいけないわけです。そうじゃないと、乗れないから」

言葉がない子どもたちは、身振りで何かを訴える。

「どうしたいの？」

身体を動かしながら、馬に乗りたいと必死で訴える。

「ああ、乗りたいわけね？」

「うう……」

こうして言葉のない子どもたちから、身体表現を引き出すのである。

「ある意味からすると、われわれの様式の世界に引っ張り込む。普通だったら、触られるのがいやな子が、乗せてもらうために、『触ってほしい』と、本人から言ってくるわけだから」

心と身体をむすぶもの

次に、子どもたちを馬に乗せることになるのだが、そこでも重要なポイントがあるという。

「そのとき、ぼくは、『よっこらしょ』と乗せない」

身体がうまく動かないからといって、介助者の力だけで馬に乗せてしまってはならない。

「手足を持って、『〃一、二の三〃でやるからね』と。そのとき、重要なことは〃一、二の三〃と言うと同時に、脚を動かしてやることなのです」

〃一、二の三〃という介助者の言葉にあわせて、身体を動かすという様式を学ぶことになる。身体の機能回復を図る理学療法でも同様のトレーニングが行われる。つまり、当人の脳で、一般的に流通している様式を認識させ、言葉と身体を一致させるのだ。それは、相手の言うことを理解して、相手にあわせるしかないという状況のなかで行われる。

「しかも、ぴょんとは乗せない。途中まで。それは、自分で身体を調整して、最終的には自分で乗って欲しいのです」

滝坂さんは、ここでひとつのキーワードをあげた。それは「最低限で最大限の援助」である。

「援助が足りなければ、彼は乗れない。援助が多すぎれば、『やらされた』ということになる」

必要最低限の援助を行うことで、本人の可能性を最大限に引き出すことが求められる。

「そうであれば、本人は『自分でやった』と、受け取ります。アシスタンスはそうじゃなければダメなんですよね。そのことによって様式を学習していく。これはＳＴＡと同じです。最低限でなければ、援助ではないのです」

馬に乗ったあとも、子どもたちはジタバタする。「あ〜」と言ったり、手足を動かしたりする。つまり、馬に動いて欲しいのだ。それは過去に自分が体験した、あるいは他人がやっているのを見たことに対する「模倣」なのである。

介助者が手綱を持ち、子どもたちは馬がしばらく歩く間、うれしそうな歓声をあげている。それが、滝坂さんによれば、だいたい二百メートルを過ぎた頃から、おとなしくなるという。

「子どもたちが、自分の身体におこっている変化に意識を向け始めるのです。特に、多方向の揺れに意識を向けるようになる。ということは、余計な緊張がとれてきて、身体を馬にまかせることができるから、馬の動きを感じられるわけです」

馬が歩くとき、乗っている人の骨盤、脊柱、肩まわりの動きは、私たちが地上を歩くときと同じなのだという。カーブのときは左右差が出て、馬は身体をひねるが、乗っている人も、カーブを曲がるときと同じ身体の使い方をする。つまり、馬が歩くことによって、その刺激が乗っている人にも伝えられるのだ。

子どもたちがそれだけ馬に乗りたがるのは、楽しいからだろうか。

「馬には、何かある。それが何かはわからないが、動物には本当に何かがあるのですね」

私が思うに、その何かとは、通い合う心ではないだろうか。馬は言葉は話せないが、しかし思いは通じる。馬が人間の気持ちを読み取り、乗っている人の意思に従って動いてくれる。行きたい場所の指示はするが、あとは一体となって走ってゆく。馬は人の意思を、人間の身体や手綱のわずかな動きで敏感に感じ取り、それに応えていく。

「ぼくたちって、身体を任せているときは、心も任せているのですよ」

小さい子どもを肩車すると、はじめての子は、大人の頭にしがみつく。ところが、しばらく歩いて慣れてくると、ぎゅっと緊張していた身体が緩んでくる。そのうち、言葉でやりとりしなくても、「もうちょっと速く歩いて欲しい」とか、「止まって欲しい」とか、「左に曲がって欲しい」とかが、下の大人に伝わるようになる。上にいる子が心と身体を下の大人に任せたということが、自然にわかるのだ。

「ぼくは、心と身体って、そういう関係だと思います。馬に乗るって、実はそういうことなんですよ」

乗馬クラブで習うと、背筋を伸ばして顎を引いてという騎乗姿勢を教わる。しかし滝坂さんは、そうしたやり方を一切しない。

「あの姿勢は、乗っていて楽じゃないのです。緊張させたらダメなのです。言葉を理解して自分の動作に結びつけるということがむずかしい人たちと付き合ってきたなかで、そのやり方がどれだけダメかということを学んだのです」

治療的乗馬の治療実績については、まだ具体的なデータをまとめる段階には至っていないという。現在は、実践の積み重ねの段階だ。治療的乗馬協会も、アドバイザーグループという位置付けであり、利用者から料金などはとっていないという。

「重度重複障害とか自閉症の人たちは、様式を身に付けることがむずかしいわけですね。その部分を、馬を使うと、『乗りたい』という本人の意欲に基づいて、教えていける。身体の動かし方、ほかの人とのコミュニケーションの仕方、自分を表現するということを学習してもらえるのです」

滝坂さんのなかでは、治療的乗馬もSTAのひとつと言っていいのだろうか。

それらは確かに「共通している」としたうえで、次のように話してくれた。

「ぼく自身は、FCはもとより、いまはSTAという言葉も使うことはないのです。本人が表現したいこと、相手に伝えたいこと、あるいはやりたいことを、どうやって援助するか。そのとき、キーワードは『最低限で最大限の援助』、それに、『身体』ということです」

開かれた可能性の扉

結局、STAであろうが、FCであろうが、それが何であれ、当事者にとって役に立つ方法であれば、それでいいということであろう。

それを前提に、あらためてＳＴＡをどう考えるか、聞いてみた。

「身近な例でいうと、自転車に乗れない子が自転車を練習するとき、うしろから支える。そのとき、がっちり支えたら、本人が工夫できない。だから、どれだけ最低限の援助をするかがポイントであり、援助する側が身体で工夫しながら感じ取るのがＳＴＡです」

同様の例は、習字で先生が後ろから生徒の筆を一緒に持って指導するケースも、場合によってはＳＴＡにあたるという。

自転車や習字の練習は、私たちみんながやってきたことである。自転車や習字の援助は誰もバッシングしないのに、言葉になるとバッシングが生まれるのはなぜだろうか。

「ぼくが思うのは、『障害がある人たちというのは、こういう人たちであるはずだ』という思いこみがあるんだと思うのです。『わからないはずだ』と」

そのうえで滝坂さんは、ＳＴＡがＦＣと共通する部分ではなく、ＳＴＡがＦＣとダブらない部分を重視する。

「ＦＣというのはコミュニケーションですから、ぼくはしていない。ぼくは、自分自身をどうやって表現したり、表出したりするかということがテーマなので、必ずしもコミュニケーションではないわけです。物を持って動かすのは、コミュニケーションではないし、自分が書きたいことを書くというのは、コミュニケーションではなく、自己表現です。コミュニケーションが視野には置かれているかもしれないが、ぼくは表現の手助けだと思っています」

立教大学教授の河野さんは、こうした滝坂さんの考えを受け入れたうえで、治療的乗馬を「下から支えるＳＴＡ」と呼んでいる。

「馬に乗ることにより、馬との一体感を得る。馬の持っている運動能力を借り受けることによって、それが身体の広がりとして、運動をよくする。すると、まっすぐ座れるようになるし、気持ちよく乗れるようになる。だから『下から支えるＳＴＡ』と、ぼくは考えている。行きたい場所の指示はするが、あとは一体で走っていく。あれがＳＴＡだとぼくは思っている」

そして滝坂さん同様に、字を書くという行為はＳＴＡの一場面でしかないと言う。

「ＳＴＡというのはソフト・タッチング・アシスタンスなので、運動の支援をゆっくり、身体の微妙な動きを捉えながら、無駄な動きをとってあげるだけだと思うのです。従って、私の理解では、字を書くというのはＳＴＡの一場面でしかない。ご飯を食べたり、着替えをしたり、普通の動作全般を表現にして、自分でコントロールを覚えていく。これでいうと、滝坂さんの考え方が一番それに近いと思うのです」

河野さんは、脳性まひに対してなぜＳＴＡが有効かについて、次のように分析している。

「要するに脳性まひで、何が問題かというと、自分の意思による身体の動きに対して、気付きが弱いということだと思います。身体が急速に緊張したり、急速に弛緩したりするので、わかりにくいわけです。それを、一緒に細かく触って動かすことによって、『こういう風に動かすとまっすぐ行ける』、『こういう風にやるとダメなんだよ』と、教えてあげる。そういうリハビリテーション技術全般だと、私は考えています」

本人の可能性の扉を外部から開けようとする手が、ＳＴＡと言えるだろうか。しかし開け放たれた扉から外の世界に出てゆくかどうかは、あくまで本人の意思次第である。その意味で、治療的乗馬は、本人を外の世界へいざなう魅力的な方法であるに違いない。

第八章　常識の壁

植物状態と意識のささやき

二〇〇九年（平成二十一年）二月二十日、石川県金沢市の特別支援学校で国語の教諭をしていた宮田《みやた》俊也《としや》さん（当時四十二歳）が脳出血をおこして意識不明の重体となった。病院で医師は、駆けつけた宮田さんの家族に、「三時間のいのち、それが過ぎたときは三日のいのち」と告げたという。懸命の治療の結果、生命の危機は脱したが、「一生、植物状態で、身体のどこも動かせない」と宣告されたのだった。

植物状態という言葉は聞いたことがあっても、実際にその状態の人に会ったことのある方は少ないだろう。病気や事故などで脳が深刻なダメージを受け、呼吸など生命維持機能は保たれているものの、意識がないと診断され、身体もほとんど動かない状態を言う。

この「植物状態」という表現は、人間である患者を差別的に扱うものだとして、患者の家族のなかには、強い抵抗感を示す人が少なくない。日本語で植物状態という表現には、「人間とは別の存在になった」というニュアンスが感じられ、「回復がむずかしい」、あるいは「回復しない」

と、突き放したような印象があるからである。

植物状態とは、英語のvegetative stateを翻訳したものである。英語で野菜を意味するvegetableの語源は、ラテン語のvegetare（ベジターレ）と言われ、植物がどんな土地にでも根を下ろして成長していくことから、「生き生きとした」、あるいは「元気に力強く生きる」という意味があるという。

ちなみに英語で動物を意味するanimalの語源は、ラテン語で「魂」を意味するanima（アニマ）である。ラテン語系言語のスペイン語でanimaというと、「心」の意味となり、「アニマ！」と人に呼びかける場合は、「元気で！」、「しっかり！」という意味になる。となると、語源のラテン語では、動物も植物も同じく「元気」を意味しているというのだからおもしろい。生きとし生ける物は、みな活き活きとしているということなのだろう。

ところが日本語になると、「植物」という文字には「元気」という意味は含まれず、「植」は草木を植えるという意味であり、さらには「動物」ではないことからも、「動かない」というニュアンスが強く伝わってくる。

医学者や研究者は、vegetative stateの訳として、「植物状態」、あるいは「植物症」を使い続けている人が多いが、新聞などは家族感情を考慮して、遷延性意識障害と呼ぶ場合も増えてきている。遷延性とは、その状態がながく続くという意味である。

そんな深刻な状態に陥った宮田さんを、必ず回復すると信じ、「だいじょうぶ」と励まし続けた、宮田さんの同僚教師がいる。作家としても知られる山元加津子さん（五十六歳）だ。

山元さんは、特別支援学校の子どもたちの真実の姿を、様々なメディアで発信し続けている。宮田さんはその姿勢に共感し、石川県内で山元さんの講演会が開かれる際は車の運転手をかってでるなど、山元さんの活動のよき理解者だったのである。

山元さんは、宮田さんが必ず治ると信じていた。それは特別支援学校の教師を長年勤めた経験に裏打ちされたものだった。言葉がしゃべれない子どもでも、視線によって意思表示できるなどの例を数多く見てきたからだった。

一般に遷延性意識障害の人たちは、意識がなく、何もわからない状態だと思われている。しかし、そうではないケースが少なからずある。私は、実際に遷延性意識障害の状態を脱却された方々と話して、その事実を知ったのだ。残念ながら、遷延性意識障害の状態を抜け出すことができずにいらっしゃる方も多い。しかし、彼らに意識がないかと言えば、そう断定はできないはずなのだ。可能性として、彼らはすべてがわかっていて、しかし私たちに伝えることができないだけなのかもしれない。関心のある方は拙著『奇跡の人びと　脳障害を乗り越えて』（新潮文庫）をご覧いただきたい。

最近の新聞では「『植物状態』でも、言葉聞こえている」という見出しの記事が二〇一一年十一月十一日付朝日新聞に掲載された。記事の一部を紹介したい。

交通事故や脳卒中で『植物状態』になった人でも意識があることが分かった。（中略）実験は、カナダやベルギーの大学のチームが、英国とベルギーの二つの病院で行った。脳波の活動をみる装置を頭につけた植物状態の患者16人に、音が鳴ったら「右手を握りしめた後、ゆるめる」か「両足のつま先を動かした後、ゆるめる」場面を想像するという指示を聞かせた。一定間隔を置いて、指示を100回前後繰り返したところ、20〜40代の3人からは比較のために実施した正常人と同じ脳波が検出された。体を動かすことはできないが、言葉を聞き分け、脳から決められた体の部位を動かすように指示が出ているとみられる。

十六人のうち三人とは、少ないように思う方もいらっしゃるかもしれない。しかし、意識がないと思われている人が、正常に認識している可能性があることをデータで示した事実は重い。さらに残る十三人も、正常な脳波が検出されないからと言って、意識がないとは言い切れない。脳波があまりに微弱で検出できない可能性もあれば、「こんなテストに付き合っていられない」と無視しているだけなのかもしれない。

彼らは内面に、それぞれの思いを胸に秘めていると、私は思うのである。意識があり、目が見えて、耳が聞こえながら、自分の体を動かすことができず、自分の思いを伝えることができない。そんな状態を想像していただきたい。自分がその立場に置かれたら、どう思うだろうかと。

山元さんは、宮田さんの状態が落ち着くと、透明のカードに「はい」、「いいえ」の文字を書いたり、「あいうえお」の五十音表を書いたりして、宮田さんの視線で意思表示ができないかどうか、探ってみた。脳波を使った意思伝達装置を試してみたりもした。しかし宮田さんは、目をぱちぱちさせたりして、何かものを言いたそうなそぶりを見せるものの、具体的な意思の疎通はなかなかむずかしかった。

「僕の心を読めるのですか」

そんな状態が続いていた、二〇〇九年八月十九日のことだった。入院中の宮田さんを、ある人物が訪ねてきた。國學院大學の柴田さんである。

山元さんは宮田さんを支援する一環として、「宮ぷー　こころの架け橋ぷろじぇくと」と題したメールマガジンを毎日発行しているのだが、それを読んだ柴田さんが山元さんに連絡をとり、対面が実現したのである。ちなみに「宮ぷー」とは、子どもたちから慕われていた宮田さんのニックネームである。柴田さんは、生まれつき障害のあった人たちの通訳は数多く手がけてきたが、中途障害の人の通訳は、それまで試したことがなかったという。

「完全に後天的な方は、彼が初めてだったですね。ぼくは山元さんの実践を一番最初の頃から知っていて、すごい人がいるのだなと思っていました。メールマガジンで様子を知って、それなら行かなきゃと思って行ったんです」

柴田さんは、枕元で宮田さんの手首をそっと取り、手を上下に揺らしながら、「あ・か・さ・た・

な」と速いスピードで口にし、宮田さんの言葉を確認しながら文章を紡いでいった。

そのときのことを山元さんは次のように記録している。

「私は最初、あまりにも不思議な方法に、少し信じられないような思いがしました。（中略）けれど、信じざるを得ない根拠が三つありました。一つ目。これはものすごく大きなことですが、柴田先生と奥様のお人柄があまりにも素敵で、穏やかで素晴らしいということでした。嘘をつかれる理由もないけど、嘘なんて、どうやってもつくことができないようなまっすぐな方でした。二つ目はそのころ、宮ぷーはよくうとうとしていました。先生は朝から夜までずっといてくださったのですが、宮ぷーは一度も眠ることがなく、すがるように、先生を見つめていたのです。もし、先生から出てくる言葉が違っていたら、宮ぷーはすぐに興味を失って先生から目を離すでしょう。でも、宮ぷーは決して目を離しませんでした。そして三つ目は、先生の口から話される宮ぷーの思いは宮ぷーをよく知っている人しか知らないことばかりでした」

私は山元さんに連絡をとって、それがどのようなことだったのか、聞いてみた。

「例えば、宮ぷーがどこに勤めているとか、筋ジストロフィーのお子さんが、一所懸命、意思伝達装置とかを使って思いを伝えているとか、そういうことを柴田先生はご存じないはずなのに、宮ぷーは、『そのお子さんたちが誇り高く生きていることがすばらしいと思った』とか、『そういうことに倒れてから気が付いた』とか。宮ぷーのいろんな個人的事情をご存じないはずなのですが、『いままでは人を信じることができなかったけど、倒れてから、すごくたくさんの人に守ってもらいながら、本当に入ってすばらしい』とか、『信じることができる』とか、そういうような内容のことを言ったのです。それを聞いた妹さんが、『やっぱり、お兄ちゃんでないとわからないこと』だと言っておられましたね」

その直後の二〇〇九年九月頃、首が動き出した。医師のみたてとは違い、自分の意思で、首を縦に振ったり、横に振ったりできるようになり、コミュニケーションがとれるようになった。その後、宮田さんは、動き出した頭や指の動きで操作できる、障害のある人専用の意思伝達装置を使って、きわめてゆっくりとではあるが、明確な意思表示を独力でできるようになったのである。

二〇一三年一月五日、柴田さんは三年半ぶりに宮田さんと病室で対面し、再び宮田さんの言葉を通訳して伝えた。山元さんは、その日のことを次のように記している。

「今日は、柴田先生が、伝えてくださっているみなさんの言葉が、全部本当だということが、証明された日だと思いました。なぜって、先生は、宮ぷーの言葉も、柴田先生が、他の方にされるような方法で、伝えてくださったのです。宮ぷーは、レッツチャットやあかさたなスキャンで思いを伝えることができます。その仕組み上、すごく時間がかかりますが、伝えることができます」

文中の「レッツチャット」とは、パナソニックの社内ベンチャーが開発した携帯用の会話補助装置である。「あかさたなスキャン」は山元さん流の呼び方だが、動かすことのできる身体の一部を使って「イエス」、「ノー」の意思表示をすることで、五十音表から文字を一文字ずつ選んで文章を作っていく方法である。

「だから、先生の伝えてくださったことに、もし間違いがあったら、それは間違いですと言うと思うのです。でも、宮ぷーは、『ミラクル。でも、本当に、自分の思いが目の前で先生の口から流れているから、本当だとわかる』と言いました。でもやっぱり不思議で、何度も『超能力ですか？』と聞いたり、『先生は僕の心を読めるのですか？』と聞いていました。あまりにはやくて、不思議だったのだと思います。でも、先生は『超能力ではないし、心を読み取ってはいません』と言っておられました」

柴田さんの方式では、宮田さんの思いが、思ったか、思わないかのうちに、柴田さんの口から出てくる。だから宮田さんは、「心を見られている」ような気になってしまったのだろう。

「柴田さんは間違ったことは言っていない」

宮田さんはそう言って、柴田さんの方法を肯定した。柴田方式を体験した当事者の、率直な感想である。

宮田さんを主人公にしたドキュメンタリー映画「僕のうしろに道はできる」を監督した岩崎靖子さんは、柴田さんの通訳について、「あんな方法には、それまで全く出会ったことがなかった。衝撃でした」と、第一印象を語る。きんこんの会にも参加し、たくさんの人たちから言葉を引き出す姿を見て、「やっぱり先生のされていることはとんでもなくすごいことで、これを伝えたいと思った」と、映画で柴田さんを紹介した理由を語ってくれた。

山元さんは映画のパンフレットで、「私たちの前に、立ちはだかるようにしてあったのは『常識の壁』だったのです」と書いている。そして「誰かが悪いというわけではないのです。ただ常識が間違っているというだけのこと。だから、その常識は変わって行かなければなりません」と訴えている。

柴田さんの取り組みもまさに、「常識の壁」を崩していく作業なのだろう。

第九章

人と人との間を生きる

障害は個性か？

都立町田養護学校高等部一年Ａ組　太田純平

障害を個性といったのは障害者からです。それは皮肉った言葉でした。社会と戦うための言葉でした。でもその言葉が障害者から離れて社会の定説になった時から、社会が障害者に対する都合のいい言葉になった気がします。

障害者はもう治りません。ぼくは中途障害者ですがもう治りません。でも、みんなと同じように話もしたいしデートもしたいです。普通の命にかえりたいです。日に日に弱る自分を見つめるのは、大変な勇気と悲しみが混沌とした世界を作り上げていきます。

障害とは命にも関わるほど重い枷です。それを個性というのは、どう思いますか。ぼくは個性とは、たとえ障害者でも一人一人感じが違うように、性格の違いとか考え方の近いとか体格の違いとか、そういうものを個性というと思います。それは障害者も同じです。麻痺になって、はやく過去へさかのぼり、家で起こった悲惨な病をなくしたいと今でも思います。前向きに生きたいと思うけど、いつもくじけてしまいます。

もし、あなたが、明日から、しゃべれないし動けないしトイレにオムツになったらどうしますか。僕のようになってもあなたは簡単に個性だと言いますか？

校長先生が卒業式の時に、障害を個性とするには皆さんの理解と努力が必要ですと言ってたけど、話は簡単ではないと思います。これは、同席した役人や他の学校の校長先生に言った言葉です。この言葉の中にも皮肉とお願いと半ばあきらめの感情が入り混じっている気がしました。きっと昔の障害者も障害は個性だと言って強がって言ったのでしょう？

戦い続けても僕は仕方がないと思います。皆さんの理解と同じ人間だという気持ちが定着したら個性だという言葉も消えると思います。


この作文を養護学校時代に書いた東京都町田市の太田純平さん（二十一歳）は、きんこんの会発足時からの参加メンバーである。まじめな作文も書くが、ユーモアのセンスもあり、話してみるとけっこうおしゃべりだ。

きんこんの会の、ある日の会合に参加した純平さんは、少し気分が悪そうだった。重度の障害がある純平さんだけに、心配になって聞いてみると、「きのう、居酒屋で飲んだので、ちょっと気持ち悪い」という。

純平さんを赤ちゃんの頃から診てくれている大学病院のお医者さん、母親の弘恵《ひろえ》さん、それに純平さんの三人でお酒を飲んで、二日酔いになったというのだ。純平さんに、何を飲んだのか、尋ねてみた。

「（ビールの）泡の部分をスプーンですくって飲んだよ。すぐに泡がなくなるので、お母さんが、わりばしでかきまぜたら、今度は、泡が立ちすぎて、こぼれちゃった。次に日本酒の熱燗にとろみを付けて飲んだら、割と苦い」

障害や高齢のため、飲み込む機能が低下した人は、食べたり飲んだりしたものが、誤って気管に入って誤嚥をおこし、むせることがある。場合によっては肺炎を発症して死に至るケースもある。このため、とろみのない食品や飲み物は、ゼリー状にして飲み込みやすくする必要がある。そのための補助剤がとろみ剤であり、純平さんには必需品となっている。そこで、ビールにとろみをつけたのだが、ぶくぶくと泡が立ちすぎてしまい、次に日本酒にとろみを付けると、こんどは苦味が出てきたのだという。酒造メーカーはぜひ、障害のある人にも飲みやすいアルコール飲料を開発してほしいものである。

話を戻すと、純平さんは生後九か月で突発性発疹にかかった。この病気自体は多くの子どもがかかるもので、適切な処置をすれば心配はいらない。しかし、注意しなければならないのは、抵抗力が低下することだ。純平さんは脳炎を起こしたのだが、医師がそれに気付かず、処置が遅れたという。熱が下がらないのに不安を感じた弘恵さんが、医師に詳しい検査を求めたにもかかわらず、医師は「泣いている母親の懇願はきけない」と断ったのを、弘恵さんは、はっきりと覚えている。裁判に訴えようかと思ったが、医療過誤裁判は長期化し、むずかしいと聞かされて断念した。後に、大学病院でいまの主治医にこの話をしたとき、「完璧な医療ミスです。なぜ訴えなかったのですか」と言われたという。

結局純平さんは、アテトーゼ型の脳性まひと診断される状態となった。アテトーゼとは、勝手に身体が動いてしまう不随意運動のことをいう。純平さんは自分の身体が思いどおりにはほとんど動かず、自分で自分の身体を支えることができない。首も据わっておらず、座位もとれない。声も出ない。ヘッドレスト付きの車いすでの生活を余儀なくされ、日常生活も全介助が必要だ。

では、私がどのように純平さんと話したかというと、弘恵さんが五十音の書かれたボードを持ち、同時に純平さんの手を持って介助しながら、彼が指さす文字を呼び上げることで通訳してくれるのだ。試しに私も、直接、純平さんの手を取りながら、弘恵さんの介助なしで会話してみた。

「自分の名前を言ってくれますか？」

「お」「お」「た」

純平さんは利き手の左手でポインティングする。これは、すぐに書けた。このあと、純平さんの腕が伸びきってしまった。弘恵さんから「自分で曲げられないので、曲げてあげてください」と言われ、そのようにする。

「し」「゛」「ゅ」と指さす。これで「じゅ」となったが、顔は横を向いている。見ないでも指示できるのは、ボードに書かれている文字の場所を覚えているのだ。続いて、「ん」「へ」「。」「い」と指した。確かに純平さんの意思で文字を指示する力が感じられた。私とははじめての対話だったが、慣れると純平さんのわずかな力の入れ方で、指示する文字が理解できるようになる。

純平さんに、最初にこのボードを作ってあげたのは、いまは東京都大田区の小学校で教諭をしている川崎岳彦《かわさきたけひこ》さん（三十九歳）だ。川崎さんが純平さんに出会ったのは、町田市内の小学校の特別支援学級で指導員をしていたときだった。指導員とは教諭を補佐する非常勤の職員である。この特別支援学級では児童に対してスタッフがほぼ一対一の形で配属されており、川崎さんは純平さんが小学二年生の秋に、彼の担当となった。

その頃のことである。後にＮＨＫの番組「奇跡の詩人」で有名となり、真贋論争が起こることになる少年について、民放が先んじて取り上げ放送した。その番組を見た川崎さんは、純平さんもやればできるのではないかと考えたのだ。

川崎さんは、障害児教育やリハビリの専門家ではない。純平さんのクラス担任の先生も、一般の教員だった。そこで川崎さんは、学校でリハビリ指導を担当している理学療法士に聞いてみると、特に問題はないという返事で、「やってみてよ」と励まされた。担任の先生からも了解が得られ、さっそく自分でボードを手作りした。

ボードは左から右にあ行、か行、さ行、た行という順で作ってみた。ボードの下部には、「はい」「いいえ」「わかりません」の欄も用意した。さっそく川崎さんが純平さんを抱きかかえて、やってみた。

「最初は『はい』、『いいえ』だけでもやれたらと思っていたのです。やっぱり（純平さんは）自分では（指さすことが）できないから、手を持って。日木流奈くんの番組を見て、手を持ってやったっていいんだよね、という感じでした。でも最初は、ほとんど話してくれないのですね」

しばらくは悪戦苦闘が続いた。純平さんは、なかなか指さす気配を見せない。しかし時折、「いい表情をする」ときがある。川崎さんはめげずに続けてみた。そんなある日、「本当に言葉を持っている」と思った瞬間が訪れた。

「生活科の学習で、郵便局はどういうところかという話題になったときでした。こちらは、ポストとか手紙とか、イメージしますよね。ところが、まず『ゆ』ときて、『う』『せ』と打ったのです。なんだろうと思っていると、じっとボードを見て、『い』を押した。そのあともまかせていると、最終的に『ゆうせいしょうのたてもの』。それも、いままで以上に、パパパパッと」

その「郵政省の建物」の意味は、何だったのだろうか。

「ぼくもわからないです。ただ、ぼくが思うに、彼はずっと、インプットするだけじゃないですか。だからそういう知識は、ずっと蓄積されていたのだなと思います。そのとき、彼には知的障害はないのだなと感じました」

それをきっかけに少しずつ言葉が出るようになったという。川崎さんは純平さんとさらに練習を重ねた。

「最初はあまり、言葉が出なかった。聞いてみると『信じてくれないから』って。『でも、言わなきゃ、信じてもらえないよ』って話してから、もっとすらすらと話してくれるようになりました。ときには先生たちに対する文句を言ってました。『あの先生、いや』って。『なんで?』って聞いたら、『○○くんを、すぐ怒るから』って。そういう会話もしていましたね」

このボードは、川崎さんのあとの指導員にも引き継がれた。弘恵さんによれば、「算数の掛け算や割り算も全部これで教えてくれたんです。センチからミリも。そういう授業も、ちゃんとやってくれました」という。

担任の先生は、これを理解していたのだろうか。川崎さんに聞いてみた。

「『正直、信じられはしない』とは、言われていました。でも、『いいコミュニケーションができている。表情がいいから、いいんじゃない』とも」

第三者には理解できないが、通訳の当事者にはわかるのだ。

「やっぱり、常識が邪魔するのだろうなと、思いました」

「あるがまま」の自分を認めてほしい

前置きがかなり長くなったが、その純平さんの書いた文章である。

「障害を個性といったのは障害者からです」

一般に、「障害は個性」という表現は、一九七〇年代の障害のある人たちの運動で用いられるようになったと言われる。その主張をまっさきに展開したのは、脳性まひの人たちで組織する「青い芝の会」だった。「踏まれても踏まれても青々と萌えていく芝のように立ち上がる」というのが、その名称の由来である。

青い芝の会を一躍有名にしたきっかけは、一九七〇年に横浜市で、母親が我が子を殺害した事件だった。亡くなった二歳の子どもには、重度の脳性まひがあった。この事件に対して、福祉の貧困こそが事件の真の原因であるとして、障害のある子どもたちの父母の会や、地元の町内会が減刑嘆願運動を始めたのである。この動きにまっこうから反対したのが、青い芝の会だった。「我々には生きる権利がないのか」と、殺される側の視点で問うたのだ。減刑嘆願運動が起きた背景には、「障害のある者は、本来は生きるべき存在ではない」という暗黙の優生思想があることを、彼らは社会に突きつけたのである。

それが一層鮮明になったのが、優生保護法改正案をめぐる動きだった。経済団体は将来の労働力の確保のため、保守的な団体は伝統的な価値観を理由に、妊娠中絶の禁止を要望した。これを受けて一九七二年に政府は、経済的理由による中絶を禁止し、その一方で、重度障害のおそれがある胎児の中絶を合法化する改正案を国会に提案した。この法案に対し、青い芝の会をはじめとする障害のある人たちの団体は強く反発した。

これに先立つ一九六六年には、兵庫県で「不幸な子供の生まれない運動」が始まり、一九七二年からは羊水検査が開始された。ダウン症などの染色体異常を診断する出生前診断を勧奨するものだった。障害のある子どもは「不幸」であり、不幸をなくすために中絶を勧めるというのだ。なんともあからさまで、非常にわかりやすい表現である。これを障害のある人たちが聞いたらどう思うか、考えてみなかったのだろうか。

ところが障害のある人たちでも、そうした考えに賛同する人もいたという。「自分のような思いをさせたくない」というのだ。それを、全国青い芝の会総連合会会長を務めた横塚晃一さんは「内なる健全者幻想」と表現し、批判した。

私達は、養護学校、補導所などの障害児（者）施設において他人の二倍も三倍も努力して健全者に追いつけと教育されてきました。こうして自分の障害者としての立場はどこかへおき忘れ、健全者になったつもりの言葉が口からとび出すし、勤め先の会社などで明らかに差別されているにもかかわらず意識の上では経営者になったつもりのようなことをいいだすのです。これでは全く自分の首をくくるようなものではありませんか。

以上のべた如き意識構造を私は健全者幻想と名付けてみました。このような健全者幻想を振り払わない限り本当の自己主張はできないと思います。（横塚晃一『母よ！　殺すな』より）

そうした思想の表現のひとつが、「障害は個性」であった。特に、脳性まひの人たちは生まれついて障害があるだけに、中途障害の人と違って、障害抜きの自分の姿を考えにくいということもあるだろう。

さらに障害も個性と位置付ける考え方は、「ノーマライゼーション」運動とも相通ずるものがある。「普通にする」という意味のノーマライゼーションの理念は、大規模施設による隔離政策に対する批判として一九五〇年代にデンマークで提唱されたもので、障害のある人をそのまま社会が受け入れようというものだ。ただし、ここで気を付けなければならないのは、社会のスタンダードを、そのまま障害のある人たちに押し付ける、言葉を換えて言えば、知的障害のある人を「ノーマル」にするという意味ではないということだ。その逆なのである。知的障害のある人たちがそのままでノーマルに生活できるよう、当事者のニーズにあわせたサービスを提供しようというものだ。

日本の知的障害のある人たちのグループとしてはほかに、「全日本手をつなぐ育成会」や「ピープルファースト」が積極的な活動を展開したことで知られる。このうち育成会は、一九九〇年にフランスのパリで開かれた知的障害のある人たちに関する世界会議に、障害のある本人を派遣した。育成会のホームページによると、「本人及び家族の発言権をまずは求めて、そして強めていくのが、育成会の活動の歴史です。そのために欧米諸国から学んで活動を進めてきました。そこに仲間がいました。私たちはたった一人ではなく、地域の仲間、全国の仲間、そして全世界の仲間へとつながっている」として、当事者本人の主体性を強調している。

ピープルファーストジャパンのホームページによれば、「ピープルファーストは、一九七三年、アメリカのオレゴン州でひらかれた会議で、ハンディのある当事者が『ちえおくれ』や『知的障害者』とレッテルをはられることがどんなにいやか、ということをはなしあい、『人にどのようにしられたい？』ときかれ、『わたしたちは「しょうがいしゃ」であるまえに人間だ』とこたえたのがきっかけで生まれました。（中略）『自分たちのことは、自分たちで決める』という、親や職員が決めるのではない『自己決定』からはじまった当事者運動です」と自らの歩みを紹介している。いずれの団体も、当事者の自己決定を重視する点では変わらない。

青い芝の会の横塚さんらが求めたのは、障害があることを、あるがままの姿で積極的に肯定することだった。自分たちが健常者に近づくのではなく、障害のある人たちがそのままで受け入れられる社会の構築をめざした。だから、障害のある人に対するリハビリも、健常者に近づこうとする行為であるとして否定した。横塚さんによれば、それは「健全者幻想」に対する追従にすぎないからである。

青い芝の会は、路線バスで車いす利用者が乗車拒否された問題で、バスの前に座り込んでバスを止めるバスジャック事件を起こすなど、ラジカルな行動で一般には知られているが、「障害は個性」という言説には、その深い思いが込められていた。

個性を語る資格

純平さんは、それを十分承知のうえで、次のように書いた。

「でもその言葉が障害者から離れて社会の定説になった時から、社会が障害者に対する都合のいい言葉になった気がします」

その象徴的な現れが、平成七年（一九九五年）版の総理府編「障害者白書」であろう。この白書は「バリアフリー社会を目指して」と題し、「障害は個性」という障害観について、次のように記している。

「我々の中には、気の強い人もいれば弱い人もいる、記憶力のいい人もいれば忘れっぽい人もいる、歌の上手な人もいれば下手な人もいる。これはそれぞれの人の個性、持ち味であって、それで世の中の人を2つに分けたりはしない。同じように障害も各人がもっている個性の1つと捉えると、障害のある人とない人といった一つの尺度で世の中の人を二分する必要はなくなる。そうなればことさらに社会への統合などと言わなくても、一緒に楽しんだり、喧嘩をしたり、困っているときは、お互いに助け合い、支え合う普通の人間関係を築ける社会になるであろうというものである」

確かにそういう考え方はあるだろう。「ありのままでいいのだよ」と、障害も含めてその人らしさを肯定してくれるまなざしは一見、優しそうである。しかし私には、どうも納得がいかない。その違和感がどこにあるかというと、例に引かれている「気の弱い人」、「忘れっぽい人」、「歌の下手な人」という個性に並べて、「障害」も「同じように」比較してしまう感性である。「同じ」ではないからこそ「障害」なのに、そこに対する気遣いがまったく欠けている。

なぜそうした文章を平気で書けるのかと考えてみれば、障害者白書のまなざしは、「健常者」、「健全者」のそれであり、「障害」のある人たちの視線を考慮していないからだろう。引用した白書の文章の冒頭に「我々」とあるが、その我々の範囲を求めに応じてやや広げて、「障害のある人も、我々の仲間に入りたければどうぞ」と言っているだけなのだ。つまり、自分自身も社会も何も変わる必要がないことになる。

これに対して「青い芝」の人たちが唱えた「障害は個性」は、もっと根源的な問いかけである。青い芝の会の行動綱領のひとつに「我らは愛と正義を否定する」とある。「愛」や「正義」がなぜ否定されなければならないのか。会のホームページで次のように述べられている。

「私たち脳性マヒ者は、健全者社会が持つ愛と正義を一方的に押し付けられてきた。それにより私たちの自由は奪われ命をも否定されてきたことを鑑み、それが健全者自らのためのものではないのかと鋭く指摘すること、すなわち愛と正義を否定することにより、人間を深く見つめることに伴う私たち脳性マヒ者と健全者との関係性の回復こそが真の相互理解であると信じ、かつまた行動する」

具体的に例をあげれば、親が障害のある我が子を憐れんで、自宅で手厚く介護し、他人の好奇や憐れみの目から守るために外には出さないというのも、一般社会では親の「愛」であろう。将来をはかなんで障害のある我が子を手にかけるのもまた、親の「愛」であろう。そうした「愛」は親の側、あるいは既存の社会体制の側のエゴイズムであることを喝破している。「我らは愛と正義を否定する」のは、そうした皮相な愛を否定しているのであり、愛そのものを否定しているわけではない。

障害者白書の言う「障害は個性」は、それと同様のエゴイスティックな匂いがする。既存の社会が許容できる範囲であれば、障害は個性と認めるが、その範囲を超えれば、容赦なく切り捨てるのだ。

純平さんは、そうした一見、良心派の正論に思える主張に反論する。それは外部から障害のある人たちを見た議論であるからであり、当事者である純平さんにはその欺瞞《ぎまん》性が手に取るようにわかるのだ。そして、障害が個性とされてしまうと、彼らの本当の個性がどこかに行ってしまう。そう、彼らは実に個性的なのである。

純平さんは國學院大學で柴田さんの授業にゲストとして登壇した。その際のスピーチの一部を以下に紹介したい。

忘れないでよ。僕らもこの世界に生きているんだよ。世の中は普通の人にもきついですか。僕らが普通に生きていくのは、とても大変なのに、それ以上に摩擦が大変です。一七の夏にみんなと僕の生きざまを話せることに、僕はとても有意義な時間を見つけたと思います。みんな養護のことを知ってますか。普通に勉強ができる子もいれば、病気が重くて生きるだけでも大変な子がいます。ろくに話せないとね、先生にさえ気持ちが伝わらなくて、とてもつらいときがあります。やっぱり話せるっていいよね。僕も声が欲しいです。たくさんの人がこのことを考えてください。たくさんの障害者がみんなと友達になりたいと思っているよ。二〇歳になったら、僕は大学生になっているものだと子供のときは思っていたけどね。この間、療育園というところへ実習に行って、ああここが僕の終の棲家と思って、また限られた世界に死ぬまで放り込まれるのだと悲しくなりました。

僕はもっと勉強して世界中の人と障害者の生活を考える旅に出るのが夢です。それにはたくさんの人の力を借りなければなりません。みんなも貸してください。

0ってね！　何もないいんじゃないいんだよ。これから始まる意味さ。どんなことも受け入れることができる数字だよ。僕は0でいたいです。

「僕は0でいたい」という純平さんの気持ちに、思いを馳せてみよう。重い障害のある彼は、「どんなことでも受け入れなければならない」という場面に幾度となく遭遇してきたはずだ。しかし彼はそれを「どんなことでも受け入れることができる」という無限の可能性に転換できる強さを秘めている。

そんな彼らに立ちふさがるのが、「自立」の壁である。「限られた世界に死ぬまで放り込まれる」という純平さんの嘆きは痛切だ。

「自立」と「自律」

きんこんの会でも、自立をめぐる話し合いがよく持たれる。しかし親元から離れて、あるいは施設を出て、訪問介護サービスを受けながら、地域で一人暮らしをしている人はきわめて少数なのが現状だ。

第一章と第五章で紹介した大野剛資さんと里見英則さんは、将来は二人で一緒に独立しようと準備を進めている。大野さんの母親の禧美子さんは、二人の独立を援助するため、六十二歳のとき、介護福祉士の国家資格をとったという。

「コレクティブハウスだったり、グループホームだったり、どうなるかわからないのですが、その勉強会を始めようと考えています。三年くらい前にはヘルパー事業所を立ち上げたんです。息子が将来独立するとき、何かの役に立つかなと思いまして」

本人や親がなぜ、自立にこだわるのかといえば、ひとつには、「親なきあと」の問題があるからだ。親が年老いて、子どもの世話ができなくなる日が、いつか必ずやってくる。そのとき、どうするかが、大きな問題である。

この自立の問題について、今回の取材で私は、興味深いキーワードに出会った。第七章で登場していただいた立命館大学教授の望月昭さんは、他者を助けるという行為を「対人援助学」として研究しているのだが、彼が提唱したのが「他立的自律」である。自らの足で立って自分の力でやりとげるという「自立」ではなく、「自律」、すなわち自分で自らを律する、自分で自分の規則を決めて守り、自分の意思で最終決定することができればよいとする。明快なのは、「自律」を、他人の援助を得て「他立」で行うという視点だ。障害のある人たちの「自立」を語るとき、望月さんの言う視点は不可欠なのだが、なんとなくそこまで言い切れない雰囲気があった。なぜかと言えば、障害のためにできないことはまわりが手助けしても、それはあくまでやむを得ないことであり、本当はなるべく自分一人の力でできるようにするのが望ましいという考え方があるからだろう。

「一人でやれというのは、極端な話なのですよ。我々だってできていないのに、障害があると、とかく単独能力がどのくらいあるか、ことあるごとに追及される」

望月さんは、他立的自律のひとつの例として裁判をあげた。

「ぼくらだって、裁判では弁護士と相談して、弁護士の言うとおりに言いますよね。なんで障害があると、相談しちゃいけないのか。とても不思議な感じがする。ぼくらも実は他立的な自律なんです」

望月さんの言うように、よくよく考えてみれば、私たちの社会で、完全に「自立」して生活している人は、どのくらいいるだろうか。農村や漁村の自給自足社会では、それもあるかもしれない。それでも突き詰めていくと、農業や漁業は一人の労働で成り立つものではなく、共同作業が必要である。

現代社会は、それがさらに徹底される。分業が徹底した社会では、一人ひとりはたとえ、成人して自分で稼いで生活していたとしても、まわりの人との協力関係があってこそ、仕事や生活が成り立つ。そこで大切なことは、「自分で立つ」ことではなく、「自ら律する」ことなのである。

重度の障害がある子どもは、特別支援学校で服の着方まで指導される。ボタンを一人でとめることができれば、ほめられる。それはそれで意味のあることだが、QOL、生活の質を考えたとき、その日の気分にあわせて好きな服を選べるほうがもっと大切であり、本人にとっては喜びとなるだろう。それは私たちにしても同様である。自分で食事を作る時間があるときは手作りするが、その時間がないときは外に食べに出かけたり、店の惣菜を買ってきて食べたりする。そのときちょっと豪華にデパ地下にするか、近所のスーパーで済ませるかを含めて、私たちが自分で選ぶ。これも「他立的自律」であろう。

「自律としての自由」を説いたのは、十八世紀のドイツの哲学者、イマヌエル・カントである。彼は「他律」の枷を断ち切り、自分が決めたルールを必ず守る「自律」によって、真の自由を得られると考えた。カントは、フランス革命に強い影響を与えた哲学者ルソーから多くを学んだと言われる。さまざまな封建主義的制約、すなわち他律から離れて、人びとが自分の思いどおりに行動できる権利として基本的人権の思想が確立していった。つまり自律とは、基本的人権の中核をなす精神と言ってもいいだろう。

最近では新自由主義的な言説がもてはやされ、「自立して競争に打ち勝った者だけが生き残れる社会」という風潮が、蔓延しているように思える。「自立せよ」と強迫的にせまられた若者たちは、在学中から熾烈な就職戦線にさらされ、就職すればしたで、正社員であれ、非正規雇用であれ、過酷な労働に駆り立てられてゆく。そういう時代だからこそ、単なる自立ではなく、他者との協力関係を前提とした自律の思想を持ちたいと思う。それこそ、人と人との間で生きている人間らしい生き方ではないか。

二〇〇六年にノーベル平和賞を受賞したバングラデシュのムハマド・ユヌスさんが来日した際、私は記念講演を聴きに行った。私が手を振ると、彼も笑顔で手を振って応えてくれた。人懐こい笑顔が、親しみやすい人柄を感じさせる。彼はマイクロ・クレジットと呼ばれる新しい銀行のモデルを打ち出し、多くの人びとを貧困から救った。そのポイントは無担保融資である。銀行は普通、土地や建物など担保をとって融資をする。その担保をとらないというのだから、まさに逆転の発想である。講演の質疑応答で、「財産を持たない貧しい人に担保をとらないことで、貸し倒れの不安はありませんでしたか?」という質問が出た。これに対して彼は、「『担保のない貧乏人は金を返さない』という考えは間違っている。貧しいから泥棒するというのは偏見である。大多数の人びとは勤勉であり、社会は信頼のシステムで成り立っている」と説明してくれた。そこでは、持つ者が優位とされるこれまでのパラダイムが逆転される。貧しい者のほうが勤勉であり、担保という「不信のシステム」ではなく、人間性に基づいた「信頼のシステム」が機能しているのである。同様のことが、障害のある人たちにも言えると思う。すなわち、「知的障害のある人たちは自分でものを考えられない」というのは偏見である。多くの人たちは障害があっても自分の言葉を持ち、家族や支援者たちと、お互いを信頼しあいながら生きているのである。

「他立的自律」を支える権利

本書で紹介したような、重度重複障害と呼ばれる重い障害がある人たちにとって、他立的自律の思想は特に重い意味を持つ。周囲の援助を受けて言葉を表現するＦＣやＳＴＡは、他立的自律を象徴的に体現していると感じられる。例えば指談で会話する場合には、介助者が予測変換した言葉が次々と出てくる。これに対して当事者は、そのなかから自分の考える言葉を選んで、決定する。つまり介助者の「他立」した言葉を、当事者が「自律」して決めるのである。その際、他立的であることにより、「他立」の解釈が入ることもやむを得ない場合がある。望月さんも、そうした面があることを否定しない。

「他立でやっていると、とかくその人の話が入ってきちゃう。複数の選択肢を出すにしても、ほとんど誘導できるわけです。障害のある人が就労しているとき、暴れて困るという場合に、『机を磨け』と言うと『いや』と言うのだけど、『机と椅子と、どっちを磨く？』と言うと、ついどちらかを選んでしまう。選択するということが認められるから、つい進んじゃうわけです。ぼくらもそうでしょ。何か役をやれって言われると嫌がるけど、『こちらとこちら、どちらがいい？』って聞くと、どちらかひとつをとってしまう。ごまかしがきくのですよ。だから、それは禁じ手なんです。援助をやりながらも、相手を拘束していくというやり方に変わるわけです。だから、リジェクションを置かないといけない」

リジェクション、すなわち、いずれの選択肢も拒否できる権利である。最終的に、自分が「いやだ」と言える権利があれば、それは自律だと望月さんは言う。

こうした考えにとことん反論しようと思えば、できないことはないだろう。「いやだ」という拒否の表明をすること自体、介助者の援助で行っている以上、介助者にコントロールされている可能性を百％否定することはむずかしい。ここまで来ると、再び最初の水掛け論に戻ってしまう。

私が思うに、個別の事象について、すべての人が納得できる証明を得ることは不可能だろう。しかし同時に、多様な人びとにより、援助と自律の事実が多く語られ、私自身がそれを目の当たりにしたいま、全体としてこうした事象は確かにあると考えられる。

太田純平さんは、ゲストとして招かれた柴田さんの授業で、学生たちに、さらに次のように語りかけた。

僕は小学校を自分で選びました。養護には行きませんでした。そこで差別ということを学びました。試験のようなものがあって、僕は手も足も動かないのに、「自分の名前のところへかばんをかけなさい」と言われました。そんなの無理に決まっているじゃんよ。それから、おもちゃのナスとイチゴとリンゴの入っているカゴから先生の言ったものを取り出せと言われました。物をつかめない僕は、条件を変えてもらいたかったのに、先生はそんなことにも気付きませんでした。絶対入ってくるな、とはっきり言われました。運動会も出さないし、校外宿泊にも連れてかないし、もちろん、校内宿泊にも出さないと言われました。それでも入るのかと言われました。

運動会に参加させない理由は、鉄砲の音で発作になるからだそうです。でもそんな音は毎日ある音と同じくらいのものなのにね。本当に途中で帰されました。僕はお兄ちゃんの学校の運動会にその後行って、お兄ちゃんを応援しました。

校外宿泊も、校医の先生が駄目と言って行かれませんでした。前の日に高瀬先生に見てもらって、この程度の胸の音なら絶対いいよと言われるよと言ったのに、変だよ。これってさ、なぜ僕は差別の対象になるんでしょうか。いじめなのでしょうか。みんなこんなことをされたら、どうしますか。それからはあきらめるということを学びました。

当事者である純平さんが、自分の視線で感じたことを、学生たちに向かって語りかけている。それは、「一人でやっている」わけではない。母親や介助者の援助を受けている。しかし、自分で内容を律しながらコミュニケーションしている。これが他立的自律であろう。周囲の協力を得ながら、最終的には自分で決める。

まわりの人たちは、彼に善意で協力しているだけではない。そこから得られるものも大きいのだ。純平さんを指導した教師の川崎岳彦さんは、そのときの経験を踏まえて次のように語る。

「信じるかどうか、疑われる点もあったと思いますけど、自分にとっては原点です。彼と出会っていなかったら、いま、この仕事をしているかどうか、わかりません」

川崎さんの言う原点とは、教師と生徒との信頼関係ということだと、私は思う。お互いを信じることから、新たな世界が拓けてくる。

命の規範がゆらいでいる

私たちの社会は科学技術の進歩があまりに急である。ノーベル生理学・医学賞を受賞した山中伸弥教授のｉＰＳ細胞など、確かに素晴らしい研究には違いないだろう。しかし同時に、議論すべき課題も山積しているように思われてならない。山中教授は万能細胞を作るのに、卵子を使わないことで倫理的問題をクリアしたとされるが、果たしてそうだろうか。受精卵は新しい生命の誕生そのものであるだけに、その議論を迂回することができたということなのだろう。しかし万能細胞という発想そのものに、倫理的問題が潜んでいるのではないか。つまり万能細胞なのだから、可能性としてはそれ自体で新たな生命そのものの誕生となる可能性がある。自分の細胞から採取した細胞を自分で使うだけなら、拒絶反応が起きないため、従来の臓器移植に代わる手段として期待されている。しかしこれも技術が進んで、あらゆる臓器の移植が可能になった場合、ＳＦ小説の世界が現実のものとなる。人びとは病気になれば身体のパーツを取り替えて、永遠のいのちを手にすることになる。それが脳の場合はどうなるのだろう。コンピューターに脳内の情報をバックアップして新しい脳に移し替えることはできない。とすると、新しい脳に入れ替えられた彼のアイデンティティはいったいどうなるのだろうか。そんな将来の難問を抱えこんだまま、しかし当面の倫理的問題のみ迂回されて、技術は進化し続ける。

人間は「者」であるが、人体とされることで「物」とされる。「いのち」に対する議論が抜きにされたまま、強大な医療・製薬資本により、人体そのものが市場化されるのである。この流れのなかで、「治療から予防へ」という動きが進められている。

二〇〇二年（平成十四年）の健康増進法は、その具体例のひとつである。このなかで、国民は「生涯にわたって、自らの健康状態を自覚するとともに、健康の増進に努めなければならない」と、健康維持が国民の義務とされた。政府が国民の健康増進のために務めるのは当然のことだが、それが国民の義務とされるのはお門違いだろう。人には自らの健康をたとえ悪化させても、何かをやらねばならないという場合もあるだろう。それはその人自身の選択、つまり自律によって決めるべきものである。しかし健康増進法によれば、それは法律違反となるのだ。

その文脈のなかに二〇一三年（平成二十五年）から始まった、新型出生前診断の動きもある。妊婦の血液を採取するだけで手軽に、胎児の染色体異常の有無について検査ができるようになったのだ。一九六六年（昭和四十一年）に兵庫で始まった「不幸な子供の生まれない運動」が、より精緻な形で再び頭をもたげてきたと言えるだろう。しかも今回は、前回のような目立った反対運動も起きていない。

だが、きんこんの会では、出生前診断について新聞で報じられると、会員の間から反対意見が噴出した。以下はいずれも、介助者による通訳を通しての発言である。

「ぼくたちの存在が否定されるので悲しい。都合のいいときだけ、同じ人間という。いつも同じ人間と、なぜいえないのか。ダウン症の仲間はぼくたちにたくさんいる。ダウン症の人を特定して攻撃している」

「ダウン症が検査がしやすいから問題にされているが、もしぼくたち自閉症についても出生前診断ができれば、抹殺されるだろう。感情がないといわれるぼくたちが否定されるのは、火をみるより明らかだ。そんな社会は、とても情けない」

「同じ人間に、生まれていいいのちと、そうでないいのちの線は引けない。言葉がしゃべれず重い障害がある人と、同じ立場で考えることが大事ではないか」

彼らこそ、社会からまっさきに排除されかねない人びとであり、その発言には切羽詰まったものがある。

柴田さんは、あるダウン症の女の子の声をパソコンで聞き取る機会があった。彼女は深く沈んだ様子で、次のように綴ったという。

「わたしはうまれてこないほうがよかったの？」

そんな人びとの側に立って、医療とは何か、いのちとは何か、人間とは何かと考えてみることが必要なのではないか。

最後に二〇一一年（平成二十三年）三月十一日に起きた東日本大震災のあと、柴田さんが、特別支援学校や地域の学習会などで聞き取った多数の当事者の〝声なき声〟から、その一部を紹介して本文を締めくくることとしたい。

「理解されない苦しみと、被災地の人の苦しみは、似ているところがあります。どちらも大変ですが、なんでという理由はないところが似ています」

「びっくりしたのは、それでもみんなが、希望を失わなかったことです。なぜそんなに人間は強いのだろうと、よくよく考えているうちに、私の障害と同じだということに気付きました。不思議でしたが、私たちも障害があるのに生きていけるのだから、被災地の人たちも生きていけるのだと思いました」

「わずかな希望は私たちと同じで、ろうそくの明かりが何とか、輝いていることです。勇気がほしいのも同じです」

「泣きながらでも、地震と津波から立ち上がろうとする人を見ていたら、わずかな希望を感じました。どんなにつらくても、人間は生きる希望を失わないことが、唯一の救いでした。

なぜなのかわからなくても、唯一ののぞみは、勇気を人が失わないことです。なぜなのかはわからなくても、勇気さえあれば、人は生きていくことができますから。まことの勇気さえあれば、わずかな希望さえあれば、生きていけますから」

おわりに

心の声としての「言葉」

かつて日本では、言葉は言霊《ことだま》であった。人が声に出す言葉には魂が宿り、よい意味でも、また悪い意味でも、現実の世界に影響をおよぼすと考えられていた。

西洋に目を転じると、新約聖書のヨハネによる福音書は、次のように始まっている。

「初めに言《ことば》があった。言は神と共にあった。言は神であった。この言は、初めに神と共にあった。万物は、これによって成った。成ったもので、言によらずに成ったものは何一つなかった。言の内に命があった。命は人間を照らす光であった」（新共同訳『新約聖書Ⅰ』文春新書より）

文中で「ことば」と読ませている「言」は、ギリシャ語の「ロゴス」を訳したものである。旧約聖書の創世記によれば、「光あれ」という神の言葉によって天地創造がはじまり、秩序が生まれたとされる。従ってヨハネによる福音書の「言」は「光あれ」という言葉である。それは宇宙の法理であり、三位一体の子であるイエス・キリストその人とも解釈される。同時に、私たち人間は神に似せて作られたのならば、私たちの言葉にも力があるはずだ。

ことほどさように古今東西、言葉は神であり、霊的な力が宿ると信じられていた。

では個体としての人間は、いつから言葉を手に入れるのだろうか。

「人は泣きながらこの世に生まれてくる」（We came crying hither.／『リア王』第四幕 第六場より）と年老いたリア王に言わせたのは、シェークスピアである。赤ちゃんは、これからはじまる人生に恐れおののいて泣いているというのである。あるいは、心地よかった母親の胎内から、無理やりこの世に引っぱり出されたことに対する抗議の声のようにも思える。

そう考えてみると、人は「言語」をまだ身につけていない段階から、心の声としての「言葉」を持っている。赤ちゃんの泣き声や、「喃語」と呼ばれる乳児の声は、母親や周囲に対する訴えの声でもあると考えると、他者とのコミュニケーションツールという広い意味での「言葉」と解釈することは可能であろう。

私が本書で取材した、障害のある当事者の方々の多くは、医師や療育の専門家はもちろん、親からでさえ、「この子に言葉はないだろう」と思われていた。そんな彼らに、実は「言葉」があった。あるいは専門家による発達診断で、乳児や幼児並みの知的レベルしかないと診断された人が、介助者の手助けを受けながら、実年齢相応に自分の意思をきちんと話すのを聞いて、私も驚かされたものである。しかし取材を終えたいま、言えることがある。

外見などから規定される「外在的な自分」と、自分自身が自分の内面を感じ取った「内在的な自分」とは、必ずしも一致しないということである。これは多少のことなら、誰にでも経験があることだろう。「自分はまわりが思っているような人間ではないのになぁ」という、周囲とのずれの感覚である。重度重複障害と呼ばれる人たちは、このずれが極端に大きいのだ。それを本書で紹介した大野剛資さんは、「二層に生き生かされ」たと表現している。

私が取材した経験のある障害に、「閉じ込め症候群」という状態がある。見たり聞いたりする認知機能は正常なのに、身体がまったく動かない。傍から見れば、意識不明の状態に見えるのに、当人の意識はきわめてはっきりしている。つまり「閉じ込め症候群」は意識障害ではなく、コミュニケーション障害なのである。

重度重複障害の人たちと出会って、会話を重ねるうちに、彼らもまたコミュニケーション障害なのだと感じるようになった。そう考えてみると、「こんなに重度の障害のある人に言葉があるなんて!」と驚くことはない。この世に生まれた以上、程度の差はあれ、あらゆる人に言葉があって当然なのだから。


本書を閉じるにあたり、私事を述べることをお許し願いたい。大阪在住の私の母、順子《よりこ》が、がんの一種である悪性リンパ腫の発症以来、約二十年間にわたる闘病の末、本書執筆中の今年二月に七十七歳の生涯を閉じた。すでに去年の段階で抗がん剤は規定の量を使いきり、主治医から「手立てはない」と告げられていた。認知症も併発していて、採血や画像診断の検査を極度に嫌がり、病の状態を確認することはむずかしかったが、昨年末の誕生祝いでは、元気な笑顔を見せてくれていた。女性の平均寿命が八十六歳と聞くと、もっと長生きしていて孫の成長を見守ってほしかったと、母の笑顔が偲ばれる。

その母が亡くなったのは、容態が急変して意識がないと診断されてから、わずか一週間後のことだったのだが、そのときのことを記しておきたい。本書の内容にもかかわると思うからである。

今年に入って母の状態は、脇腹や膝の痛み、両脚のむくみが増していたが、二月上旬に自分の部屋でいすごと転倒して坐骨にひびが入り、動けなくなってしまった。それから二週間後のこと。夜に入ると、呼吸が次第に荒くなっていった。翌朝、私の妹が近所のかかりつけの医師に電話で相談すると、肺炎の恐れがあるとして、総合病院で診察を受けるよう勧められた。妹が「病院で診てもらおうね」と声をかけると、母は、「一人だと怖いわ」と応えたという。この段階では、意識ははっきりしていた。昼過ぎに、主治医がいる総合病院に車で到着したのだが、到着直前には眠ったような状態となり、意識はかなり失われていた。レントゲン写真を示しながら行われた医師の説明は、「肺炎ではなく、リンパ腫が肺に広がっているため、呼吸がむずかしくなっている」というものだった。

知らせを受けた私が、埼玉の自宅から病院に到着したのは翌日のことだった。主治医は十年以上にわたって母を診てくれた悪性リンパ腫の専門家だが、私に次のように説明した。

「脇の腫瘍を押さえると痛そうにするので深昏睡の状態ではないが、それ以外は反応がなく、意識がない状態です。容態は安定していますが、リンパ腫は肺だけでなく、たぶん内臓にも転移しているでしょう。水分を無理して送り込むと、身体がむくんで、患者にとってはかえって苦痛になるかもしれません」

医師の判断をわかりやすく言えば、「終末期であり、このまま何もしないほうが患者のため」というものだった。水分も与えないということは、つまり消極的安楽死である。しかし母は病院到着後、ただちに酸素吸入を受けて血中の酸素濃度はほぼ平常並みにまで回復している。とすれば、酸素不足による脳のダメージは少ないはずだ。確かに母は悪性リンパ腫で終末期なのだろうが、しかしこの段階で、水分も与えないというのはどうだろうか。お釈迦様も最期を悟ったとき、のどが渇いたので水を持ってきてほしいと頼んだのが、末期の水の由来とも聞く。旧知の脳外科医で「現代医療を考える会」代表の山口研一郎さんに電話で相談してみると、「回復の可能性がゼロでない以上、生きられる生を与えてあげるのが、後悔がないのではないか」とアドバイスしてくれた。

「一人だと怖いわ」と応えた母に、「お母さんは一人ではない」ことを示す時間がほしい。家族と相談のうえ、主治医に水分の点滴をお願いすると、「かえって苦痛が出ることになるかもしれませんよ」と言いながらも、要望に応えてくれた。

その日の夕方、まだ幼稚園児の私の長女から電話が入り、母に声を聞かせると、酸素吸入のマスクを自分の手ではずそうとする。あわてて止めたのだが、口をもぐもぐさせて何か話したそうな素振りをする。その日の夜、私は簡易ベッドを病室に据えて付き添ったのだが、明け方になると、母はそれまで閉じていた目をうっすら開けて、私のほうを見た。手を握って声をかけると、力強く握り返して応えてくれた。

その後、母の急変を聞いた親戚や母の友人たちが、次々とお見舞いに駆け付けてくれた。そのたびに母は、まぶたをぱちぱちさせて目を見開き、手を動かして合図を送る。ときおり、「ウーン」と、言葉にならない声を出している。主治医は毎日の診察で「意識はありません」と断言するが、しかし付き添う私たちは、母の声を聞いていた。意味のある言葉を発することはできなかったが、しかし確かに、言葉があったと思う。私たちは、「お母さんは一人ではない」と伝えた。それに母は応えてくれたと思うのだ。

入院して、ちょうど一週間たった日の正午過ぎ、呼吸が停止し、母は息を引き取った。その直前まで、母の容態は安定していたため、いったん埼玉に引きあげていた私は、残念ながら母の死の床には間に合わなかった。

自宅の居間にいた私に、長女がなぜか折り鶴を持ってきてくれた。銀色のラメに輝く折り鶴が長女の手でひらひらと舞い、私の手のなかに落ちた。病院に詰めていた弟から、母が亡くなったという連絡が入ったのは、その直後のことだった。きらきらと輝く折り鶴は、自らの人生を生き抜いた母の魂がいまわのきわに訪ねてきてくれたと、私は感じたのだった。

私は本書、あるいは前著の『脳障害を生きる人びと』（新潮文庫で『奇跡の人びと』に改題）で、障害や重い病気のため、言葉がないとされる人びとの、真実の姿を取材し記録した。消極的安楽死を勧められた母にも、医師の言に反して意識と言葉があったと実感した。どんなに医学が進歩しても、解明しきれない世界がある。

ものごころが付くか付かないうちに父親と死別した私の母は、戦中戦後の厳しい時代を母子家庭で育ち、あるときは親元を出されたりして苦労した。しかし私たち子どもには、そんな不遇の時代があったことをつゆほども見せず、明るく朗らかな母であった。私たち兄弟にときどき思いだしたように、「みんなの子どもが大きくなるまでは元気でいてね」と話していたことが、私たちに対するただひとつの注文であった。

作家の宮沢賢治は、彼の生前に刊行された唯一の詩集である『春と修羅』で、「わたくしといふ現象」を「あらゆる透明な幽霊の複合体」と表現した。賢治の弟の清六さんと親交があった彫刻家の故・金子健二さんからその意味について、私は次のように伺ったことがある。私たちは、たとえ一人きりで孤独なときでも、必ず両親がいて、その両親にはまたそれぞれの両親が確かにいて、さらにそのまた両親がいる。つまり私たちは、たくさんの「幽霊」に見守られて存在している霊的な存在なのである。そんな「幽霊の複合体」である私の言葉にも、母の魂が込められていると信じたい。

最後に、長時間にわたる取材に協力していただいた國學院大學の柴田保之さん、奈苗さんご夫妻、柴田さんに引き合わせていただいた編集者の神谷万喜子さん、多くの当事者や専門の研究者の方を紹介していただいた特総研の笹本健さんをはじめ、関係するみなさまに感謝申し上げたい。

協力いただいた方のなかには、学校や職場における上司からの注意、インターネット上でのバッシングなどを懸念して匿名を希望された方がかなりの人数にのぼった。それほどデリケートな問題であったが、本書をひとつのきっかけに、障害のある人たちに対する理解が一歩でも進めば、これにまさる喜びはない。

私の「脳障害」をテーマにしたドキュメントは、一作目の事故や病気篇、二作目の認知症篇に続いてこれで三作目となるが、いずれも草思社の藤田博編集部長に編集を担当していただいた。この場を借りてお礼申し上げたい。

中村尚樹

二〇一三年八月二十七日

参考文献・資料

松本清張「通訳」『松本清張短編全集4　殺意』（一九六四年、光文社）所収
柴田保之『みんな言葉を持っていた　―障害の重い人たちの心の世界―』（二〇一二年、オクムラ書店）
大野剛資『きじの奏で』（二〇一一年、日本文学館）
糸賀一雄『この子らを世の光に』（一九六五年、柏樹社）
糸賀一雄『福祉の思想』（一九六八年、日本放送出版協会）
京極高宣『この子らを世の光に　糸賀一雄の思想と生涯』（二〇〇一年、日本放送出版協会）
田中昌人『人間発達の科学』（一九八〇年、青木書店）
田中昌人『人間発達の理論』（一九八七年、青木書店）
茂木俊彦『障害児教育を考える』（二〇〇七年、岩波書店）
重複障害教育研究所『岩魂』第四号（一九九〇年四月）
重複障害教育研究所『岩魂』第五号（一九九〇年一〇月）
重複障害教育研究所『岩魂』第六号（一九九一年三月）
山元加津子『たんぽぽの仲間たち』（一九九六年、三五館）
山本譲司『累犯障害者』（二〇〇九年、新潮文庫）
大越桂『花の冠』（二〇一二年、朝日新聞出版）
大越桂『きもちのこえ　19歳・ことば・私』（二〇〇八年、毎日新聞社）
大越桂『海の石』（二〇一二年、光文社）

発達障がいのある人へのコミュニケーションを支援する筆談援助の会編『言えない気持ちを伝えたい』（二〇〇八年、エスコアール出版部）
東田直樹・東田美紀『この地球にすんでいる僕の仲間たちへ　12歳の僕が知っている自閉の世界』（二〇〇五年、エスコアール出版部）
東田直樹『勇気はおいしいはず』（二〇〇五年、小学館）
東田直樹『みんなの知らない海の音　驚異の13歳、初詩集』（二〇〇五年、朝日新聞社）
東田直樹『自閉症の僕が跳びはねる理由　会話のできない中学生がつづる内なる心』（二〇〇七年、エスコアール出版部）
東田直樹『続・自閉症の僕が跳びはねる理由　会話のできない高校生がたどる心の軌跡』（二〇一〇年、エスコアール出版部）
井上英夫他編『障害をもつ人々の社会参加と参政権』（二〇一一年、法律文化社）
グレン・ドーマン『親こそ最良の医師』（二〇〇〇年、ドーマン研究所）
グレン・ドーマン監修『声をください　文字盤に刻んだ〝脳障害詩人〟たちの愛の言葉』（二〇〇〇年、大和出版）
グレン・ドーマン他『赤ちゃんは運動の天才』（一九九七年、サイマル出版会）
日木流奈『はじめてのことば』（一九九八年、大和出版）
日木流奈『月のつぶやき』（二〇〇〇年、大和出版）
日木流奈『ひとが否定されないルール』（二〇〇二年、講談社）
滝本太郎・石井謙一郎編著『異議あり！「奇跡の詩人」』（二〇〇二年、同時代社）
木本正次『騎手・福永洋一　奇跡への挑戦』（一九八五年、ＰＨＰ研究所）

大畑楽歩『三重苦楽』（二〇一〇年、アストラ）
Rosemary Crossley、Anne McDonald『Annie's Coming Out』（一九八五年、Penguin Books; Mti版）
ビルガー・ゼリーン著、平野卿子訳『もう闇のなかにはいたくない　自閉症と闘う少年の日記』（一九九九年、草思社）
ラッセル・マーティン著、吉田利子訳『自閉症児イアンの物語』（二〇〇一年、草思社）
カニングハム久子『ニューヨーク障害児教育事情　在米コミュニケーション・セラピスト30年の挑戦から』（一九九五年、学習研究社）
久子カニングハム「ＦＣを巡って――アメリカの五年」『月刊実践障害児教育』（一九九五年、学習研究社）
片倉信夫『僕が自閉語を話すわけ』（一九九四年、学苑社）
片倉信夫・片倉厚子『僕の大好きな自閉症』（二〇〇九年、学苑社）
成瀬悟策『姿勢のふしぎ』（一九九八年、講談社）
落合俊郎・久田信行「表出援助の方法をめぐって（Ｉ）書字・描画の援助を通して」『日本特殊教育学会第三十回大会発表論文集』（一九九二年、日本特殊教育学会）
落合俊郎「描画・書字における表出援助法の工夫について」『国立特殊教育総合研究所研究紀要』（一九九三年、国立特殊教育総合研究所編）
落合俊郎「実践研究報告　肢体不自由児のためのＦＣと表出援助法の可能性」『肢体不自由教育』（一九九七年、日本肢体不自由教育研究会編）
若林慎一郎「書字によるコミュニケーションが可能となった幼児自閉症の１例」『精神神経学雑誌』（一九七三年、日本精神神経学会編』）

石井聖『「自閉」を超えて　上・下』（一九九三年、学苑社）
国立特殊教育総合研究所『「個別の教育支援計画」の策定に関する実際的研究』（一九九五年）
国立特殊教育総合研究所『障害のある子どもの書字・描画における表出援助法に関する研究』（二〇〇〇年）
国立特別支援教育総合研究所『子どもと知り合うためのガイドブック――ことばを超えてかかわるために――』（二〇一〇年）
河野哲也『道徳を問いなおす――リベラリズムと教育のゆくえ』（二〇一一年、ちくま新書）
河野哲也『〈心〉はからだの外にある「エコロジカルな私」の哲学』（二〇〇六年、ＮＨＫブックス）
河野哲也『意識は実在しない　心・知覚・自由』（二〇一一年、講談社選書メチエ）
望月昭・サトウタツヤ・中村正・武藤崇編『対人援助学の可能性』（二〇一〇年、福村出版）
アーネ・リンドクウィスト他『あなた自身の社会　スウェーデンの中学教科書』（一九九七年、新評論）
全国ろう児をもつ親の会編『ぼくたちの言葉を奪わないで！　～ろう児の人権宣言～』（二〇〇三年、明石書店）
宮田俊也・山元加津子『満月をきれいと僕は言えるぞ』（二〇一〇年、三五館）
横塚晃一『母よ！　殺すな』（一九七五年、すずさわ書店）
総理府編「障害者白書　平成7年版」（一九九五年）
安積純子・岡原正幸・尾中文哉・立岩真也『生の技法　家と施設を出て暮らす障害者の社会学　第3版』（二〇一二年、生活書院）

著者紹介――――

中村尚樹《なかむら・ひさき》

ジャーナリスト。1960年生まれ。九州大学法学部卒。ＮＨＫ入局。記者として原爆被爆者や医療問題などを取材し、岡山放送局デスクを最後に独立。これまで九州大学、法政大学、大妻女子大学で「平和学」等を非常勤で担当。著書に、『脳障害を生きる人びと』、『認知症を生きるということ』（いずれも草思社）があり、本作が脳機能障害をテーマとした三作目である。他に『名前を探る旅：ヒロシマ・ナガサキの絆』（石風社）、『「被爆二世」を生きる』（中公新書ラクレ）、『被爆者が語り始めるまで』（新潮文庫）、『奇跡の人びと』（『脳障害を生きる人びと』改題、新潮文庫）、共著に『スペイン市民戦争とアジア』（九州大学出版会）等がある。

最重度の障害児たちが
語りはじめるとき

2013年9月25日　第1刷発行

著者　中村尚樹
装幀　Malpu Design（清水良洋）
発行者　藤田　博
発行所　株式会社 草思社
〒160-0022　東京都新宿区新宿5-3-15
電話　営業 03(4580)7676　編集 03(4580)7680
振替　00170-9-23552
DTP　一企画
印刷　中央精版印刷株式会社
製本　加藤製本株式会社

ISBN978-4-7942-1999-2 Printed in Japan　検印省略

http://www.soshisha.com/